亞蒂絲的12堂
愛自己
冥想課

Eydis 亞蒂絲 著

除非你愛自己，
否則你不會體驗到愛。

運用冥想的呼吸、
觀想、肯定句、靜心等技巧，

讓愛自己，
不再只是口號。

冥想，讓愛自己不再只是口號

你好，我是亞蒂絲。我在YouTube上創建了「Eydis亞蒂絲」冥想頻道，主要是想幫助更多人透過冥想，來轉變自己的內心，提升自我狀態，達到心靈平靜喜悅。

世界各地的人們開始學習冥想，這股風氣從東方進入西方，又從西方回到東方。

越來越多的博士與科學家們，紛紛投入冥想的研究，透過許多科學儀器去理解冥想對人們腦海發生了什麼變化，他們不約而同下結論，表示這是一個有效的工具，因為他們發現冥想能夠穩定精神、調節內分泌系統，達到自我修復、降低焦慮，幫助休息與睡眠的效果。冥想是一個重要的向內探索的工具。

現在國外有許多學校、醫院，都開始紛紛將冥想的治療納入教育體系之中，去幫助人們進入內心尋求平和。如果說運動能夠幫助身體帶來鍛鍊，那麼冥想則是意識的鍛鍊，還能帶來意識轉變。

冥想不僅僅是一個腦海發生改變的科學報告，而是可以真實帶來轉變內在的意識狀態。你能在不同的冥想中，去調節或轉變自身的情緒，與內在潛意識連結，轉變信念，是一種找回自我與力量的最好方式之一。

接觸冥想的契機，要從我大學畢業後，一頭栽進工作的時期談起。當時，我進入商業金融業從事教育訓練，而每天繁忙的工作，讓我日漸身心疲憊。在這段期間，我感到嚴重迷失、內在痛苦加劇。最終，我明白自己只是跟著社會的期望前進而已，而那根本不是真正的自我。

於是，我辭掉了工作，以為自己會變得更好。但隨著時間的增加，卻發現不只人生沒有更好，甚至比以前更不幸福也不快樂。自我批判、自卑與迷失的情況愈來愈嚴重，夜晚陷入失眠、焦慮、痛苦之中以至於夜夜難眠，經常到了天亮才入睡。有時候，我甚至一整天都沒有闔眼，身體逐漸虛弱、情緒暴躁，我喪失所有力量，從床上醒來那刻眼睛睜開我會掉淚，幾乎無法與家人、朋友對談，彷彿只要開口就用盡全身力氣。

這段期間我陸續接觸了很多激勵與心靈書籍，想了解如何引導內在轉變，並上了許多心理學課程與工作坊，想了解內在、靈性、潛意識，盡可能去理解各種方法，為了幫助迷失的自我，使自己可以從其中走出來，而嘗試了各種方法。最後，我從冥想和肯定句的練習中，真實感受到巨大的力量。

冥想和肯定句，幫助我調整了混亂的內在意識，我開始練習透過這種方式與內在溝通協調，調整自我，使內在潛意識的信念逐漸轉變。各種書籍和資料顯示，一旦潛意識發生轉變，便能幫助自我的現實重新開始，而事實也正是如此。

現在我已經逐步調整自身的意識，找回自己的力量。我可以感知到自己的狀態從低能量轉為高能量，恢復了活力以及更多的喜悅。

在這段期間最親密的伙伴，就是我的先生，他看著我情緒降到谷底，幾乎無法與他對談。某段期間他甚至承認他無法再和我溝通，因為我的負面情緒也會影響到他，他會不由自主的發怒。然而，當他看到我現在如此喜悅與快樂，某天想起那段歷程，訝異的對我發問：「妳是怎麼做到的？這中間到底發生了什麼？」

我只是微笑，這一次我徹底的知道我發生了什麼。

我逐漸地恢復，我知道，如果這套方法能幫助我，一定也能幫助更多人時，我在 YouTube 積極分享冥想帶來的力量，網友們透過練習，紛紛予以回饋表示，他們的現實真的轉變了：

「我找到喜歡的工作」、

「我的訂單變得順利」、

「我停止吃藥了，變得越來越喜悅」、

「晚上聽你的冥想我都能睡得更好了」、

「我憂鬱的狀況越來越少了」……

因為眾多網友的回覆，讓我明白這些方法，真的不是只適用在我身上，這些引導真的、真的能為人們帶來轉變。這份領悟，成了本書誕生的動機。

為什麼本書冥想主題是愛自己？

「我好想愛自己，但我不知道該怎麼去愛……」

在我的頻道上，經常看到網友留下這樣的回應，如同當初的我一樣，想要在黑暗之中找到光芒。我能夠理解，因為從前的我也只懂得不斷向外尋求，卻永遠找不到那種挫折感從何而來。

畢竟從小到大，很少人真正能夠引導我們學習如何去愛。

我們有許多人的父母，完全不了解愛自己的重要性與方式，傳承到我們這一代，則會迷失在愛之中。

最後，我們只能不停地向外求助力量、求助愛。但你可能會發現，狀況只會越來越糟，越來越黑暗，因為宇宙真的就像一面牆一樣，你給出什麼，它就會彈回來給你什麼，一個不相信自己值得被愛的人，那麼在何處他都不會尋找到愛。

愛自己，是我們生命中最重要的核心信念，核心信念會全面影響我們的人生，對人事物的反應，同時創建你的實相，宇宙也會將你相信的內容提供給你。如果你不相信自己值得被愛，那麼宇宙回應給你的，便是你經常會找不到愛的存在，你總是處處碰壁，吸引錯誤的人事物，感到孤單、無助和脆弱，從而引發各種焦慮、憂鬱、壓抑自我的狀態。

本書希望給予不懂得愛自己的你，以及那些身處在焦慮、憂慮、黑暗中的你一個指引，希望你理解到這一點——**除非你懂得愛自己，否則你不會體驗到愛**。

想獲得喜悅與愛？想要從失落中找回自己？唯一的途徑，就是你懂得從自身，你自己身上汲取愛。唯有如此，你才會感受到源源不絕愛的力量存在，這才是生命的真實。親愛的，力量不在外面，永遠在你裡面。

雖然很高興最近社會吹起一股風潮，提醒大家「愛自己」，但卻往往淪為一種口號，很少有真實引導，導致很多真正有需要的人感到更加無助。

所以我希望能夠透過十二堂冥想課，運用**冥想的呼吸**、**觀想**、**肯定句**、**靜心**等技巧，協助你知道如何帶給自己這種力量。

本書是集結我在 YouTube 上分享的引導冥想，重新增加細節與設計，幫助讀者能夠透過此書自我練習——即使沒有任何音訊從旁引導，你也可以自己坐下來練習。

這樣**你可以在任何時間地點，選擇當下最需要的冥想來做練習**，所有課程皆是可執行的核心步驟，方便你自我鍛鍊，而主題也都圍繞在愛自己上。你能透過書中提出的步驟反覆操作，大量對潛意識進行內在溝通，來幫助自我轉變，正如我一開始對自己的方式一樣。

練習需要頻繁且多次進行，並非一次就能感受到效果，最好花上一段時間來自我調整和冥想練習。隨著冥想次數增加，你會感受到內在的能量逐漸累積，到了某一個層次，你會越來越清晰地感受到，自己正在轉變與提升。你能夠更好的進入愛中，感到自己更加得心應手的調整焦慮、壓力等負面的狀態升起，迅速幫助自己回歸平靜、喜悅的核心本質。

任何轉變都需要你願意相信，並且付諸行動來獲得。不論你是否接觸過冥想，本書都能夠提供實際的指引，協助你取回內在、開啟自身潛力，以及療癒的力量。

冥想真的不需要跑到山洞裏面去做，冥想是你與你自己內在意識的面對面，去陪伴、去理解、去調整，一切都發生在你的內在。你只需要在一個安全的地方，好好的花時間，坐下來進入內心工作，你一定會逐漸看見自我的轉變。

其實，你可以尋找你真實相信的方法，畢竟轉變自己的方式有上百種，你不需要拘泥於冥想不可。很多人相信他們必須經歷痛苦、磨難、強烈的挫折、高潮起伏的劇情，才能轉變自己。如果你也是其中一份子，那麼這種過程就會成為你的現實，畢竟宇宙是最直接與忠實的——任何你的信念，都會成為你的現實。

不過，如果你想要和我的網友、會員一樣，相信冥想的力量，直接利用冥想這個最簡單的方法來轉變信念，那就和我一起坐下來、閉上眼睛，鍛鍊自己學會轉變意識，促使自身的能量完成轉變。

現在，就讓我們開始冥想吧。

亞蒂絲

祝福你

CONTENTS

目錄

第3堂課 自我淨化冥想 59
在傍晚時分、睡前身心煩躁時練習的冥想。幫助你放下焦慮、煩躁、壓力和痛苦，回歸愛自己、感恩、欣賞。

第4堂課 自愛冥想 77
向自己宣告，開始給自己愛，將愛帶回給自己，帶回到你的身邊，感受到真實自愛的狀態。

第5堂課 找回自信冥想 95
自信是自愛的一部分，喪失自信會使你在生活中備感艱辛，容易猶豫不決或做出錯誤判斷，本堂課將陪伴你一起重拾內在的自信。

怎麼愛自己？如何愛自己？愛自己的方法是什麼？聆聽愛自己肯定句冥想，建立積極的信念轉變潛意識，你的潛意識會更明白如何愛自己。 153

第9堂課 感恩冥想 175

感恩時心會發出高頻的振動，自然而然的內在富有，並與愛和最高能量連接，感恩令人更愛自己、愛世界，更吸引富足、貴人相繼出現，因為感恩是宇宙的高頻狀態。

第10堂課 大地母親冥想 197

當內在匱乏、無根、不安，你可以透過連接大地母親的頻率，重新引導幸福扎根的能量回歸靈魂之所。

Lesson 1
身體掃描冥想

「一旦你專注於身體的感覺，在此當下，
你正在改造自己的身體與人生。」

——喬・卡巴金博士（Jon Kabat-Zinn Ph.D.）

你好，我是亞蒂絲。

今天的你好嗎？

歡迎來到第一堂課，我們要練習掃描身體冥想。身體掃描可以幫助我們順利回歸當下，讓自己的意識狀態變得更加平靜與和諧。

這也是所有冥想中最經典、最多人喜愛的自用冥想，因為操作上非常容易記憶與自學，所以在你全然了解步驟後，就可以選擇任何時刻進行自我練習。

什麼是身體掃描冥想？

當你很累的時候，有留意過身體反應嗎？有的人可能開始頭痛，也有的人可能肩膀疼痛，因為我們身體習慣幫你吸收過多的疲憊和情緒反應。

中國幾千年的文化中，早已發現人們會把情緒儲存在身體裡，甚至有體現相關感受的成語，如悲傷時會以「肝腸寸斷」來形容；思想煩亂時會用「心亂如麻」來詮釋；心裡無法舒展時，可用「愁眉不展」

第 1 堂課：身體掃描冥想

來呈現……這類成語多得不勝枚舉。

中醫則認為，七大類情緒「怒、喜、憂、思、悲、恐、驚」會影響身體。比方說，經常發怒的病患，臨床上容易有口乾舌燥、胸口鬱悶的問題；過度驚喜或驚嚇，則夜晚容易睡眠不安穩、心悸；病患經常思考或憂慮過多，則會有腸胃問題，肌肉乏力……等等。

身體掃描冥想是一個，能夠幫助我們快速覺知，並釋放體內過多能量的完美機制。我們的心靈能夠在掃描時，透過覺知身體、進入當下，讓心靈與身體完全的回復和平狀態。

冥想過程中，你會感知你的內在經常把情緒儲藏在身體的哪個部位，而身體的哪裡儲存了疲勞、壓力、期望、痛苦等負面情緒。

你不需要等到身體因累積過多負荷，爆發併發症時，才了解心靈帶給身體的負擔，你現在就可以試著實際體驗。

身體掃描冥想帶來的好處

透過身體掃描練習，你能夠覺察內在所有的情緒、壓力、念頭，幫助身心平穩放鬆。下面列出身體掃描冥想的各種好處：

▼減輕焦慮、壓力釋放：

當掃描身體時，將覺知放在身體上，會更有意識地明白自己的內在焦慮，究竟給身體帶來了多大的負擔。這種負擔引發了各種身體不適，而在覺察的當下，卻也同時釋放了這些焦慮。很多做完的人分享，每當焦慮上升時，就會透過身體掃描，來立刻覺知並釋放這些焦慮。這個作法幫助他們在日常生活中，不會因為過多焦慮而影響自己的行為、判斷和決策。

▼恢復健康：

身體掃描能有效地覺知自己因為精神壓力、情緒波動在身體上創造的負擔。大多數人第一次掃描時都會感受到，身體疼痛的面積非常大，甚至散佈在許多地方，例如：肩膀、背部、頭部、雙腿⋯⋯。如果你不知道自己的身體承擔了這麼多，就不會知道要去釋放它們，所以不妨讓身體掃描來幫助你覺知，同時釋放、恢復健康。在國外，有不少利用身體掃描來降低慢性疼痛的案例。

▼專注力提升：

進入冥想狀態時，你會發覺自己的覺知不時陷入渙散，大腦幾乎每隔幾秒就會告訴你，需要去做其他事情。而身體掃描冥想，有助於你把身體當作一個回歸的標的物，順利將專注帶回自己身上，從一而終。慢慢地，你會越來越熟練調整專注度的方法，在日常生活中，更加專注於你想投入的事物上。

▼幫助入睡：

不少人睡前習慣滑手機，但許多科學研究發現，影音、文字都會影響睡眠品質，使人難以入睡或淺睡多夢。此外，如果你身心一天下來過度疲憊、情緒波動非常大，那麼想入睡就更困難了。但身體掃描能夠幫助自己放鬆，舒緩情緒上的壓力或焦慮，讓身體達到物理上的釋放，以利入睡。

以上是四個常見的好處。事實上身體掃描冥想，在冥想系統中，並不只是單純做到釋放而已，但這些初步的好處，已經十分顯著。畢竟身體更健康、晚上更好入睡，正是愛自己的最重要起步，這也是我把身體掃描冥想，放在第一堂課的原因。

除此之外，身體掃描有兩個更深層的好處：

▼關愛自己：

每一天在固定的時間進入內在，能讓你學習與自己同在、與身體同在。你承諾身體會花時間陪自己，並且理解自己的狀態、照顧身體需求，藉此幫助自己進行放鬆、釋放。這是愛自己的第一步，給予自己陪伴、關愛和幫助。

▼回歸當下：

身體掃描是帶領你聚焦身體，重新調整意識，回歸當下的方法。有時候我們的思緒會飄散在過去某個煩惱和記憶之處，或者未來尚未發生的擔憂或焦慮之中。這個方法幫助我們停下所有過度的雜念、無形的壓力，回歸於當下返樸歸真，允許自己呼吸，好好與身體待在一起。讓自己從某個混雜的深淵中，浮出水面，好好看一下水外世界。

第1堂課：身體掃描冥想

我們情緒和精神之所以會產生壓力，是因為不停地在戰鬥與抵抗些什麼。而冥想有助於讓自己找到一個緩衝空間，停止潛意識逼迫自己去解決當下的所有事件。

在身體掃描期間，不要去做任何思考，不需要去解決任何問題，只要純粹感受自己的內在、身體裡的本質存在是如此的平靜與健康就夠了。由於你的思想影響到了身心，如同一台大卡車闖進了自由的遼闊草原，霸佔了你整個內在空間。所以這些過多的負擔，只需要透過簡單而強大的身體掃描，就能釋放所有的挫折、慾望、問題、記憶……，好好回歸於你自己，愛你自己。

那麼，現在就開始練習第一堂課吧！

練習過程

重點在於練習回歸當下，並且疼愛自己的身體。所以練習過程中，需要保持對自我友善的心態。所謂友善的心態，意指不去評價、評斷或分析所有過程和念頭，只是單純覺知所感受到的。當你開始評斷覺知，代表你已不在冥想狀態中。不過，這種情況在練習過程中，出現的次數會相當頻繁。一旦發生，你只需要提醒自己，回到釋放裡，所有的分析、評斷和思考，等冥想結束後再來記錄即可。

★**練習時間：**五~十分鐘。

★**練習次數：**八周，每周練習三次。

※平日只要一感受到內在有壓力，就能進行這項練習。

第 1 堂課：

身體掃描冥想

冥想準備

確保自己不會被干擾。

■ **將手機調整為靜音、專注或航空模式**

你只需要五~十分鐘，所以先暫時停止手機接收任何訊息，以避免中途打擾你，任何事情在十分鐘後再來處理。

■ **確保家人、朋友、同事不會來干擾你**

最好的方式，告訴他們你想要靜一靜，休息一下，需要一些個人時間。

■ **找到適合的冥想姿勢**

身體掃描冥想，可以透過站著、坐著，也有很多人喜歡躺著。因為需要由上而下的觀想，所以用你認為舒服的姿勢即可。

任何空間都可以進行

這個冥想可以在任何空間進行，但需要閉上眼睛練習，所以你需要一個能夠安心閉眼練習的空間。大多數人喜愛在客廳，或自己的房間進行。不過，辦公室座位上也可以，也有一部分的人們分享他們會在安全的公園練習。

第1堂課：

身體掃描冥想

冥想開始

第一步驟　放鬆內在

讓自己調整好姿勢，為放鬆內在做好準備。一開始先簡單的呼吸，當你覺得準備好了，就進入下一個步驟。

第二步驟　設定意圖

告訴自己：「**現在，我要在十分鐘內，進行身體掃描，清空身心、回歸平靜。**」

第三步驟　感受接觸點

進行三次深呼吸，在深呼吸之間，感受到身體周圍的接觸點：如果你是坐著，就去感受臀部下方的椅子、感受腳底與地面接觸的面積和觸感。

如果你是躺著，則去感受背部和床之間的接觸感。

在你接觸的同時，去感受接觸區域的溫度、沉重輕盈的感受、觸感……去覺知你所在的當下。

第四步驟　身體掃描

當你感到內在十分放鬆，覺知應該會變得更靈敏了。

現在，去感受你的壓力、情緒所放置的位置。

讓自己的專注力移至頭頂，從此開始掃描，感受一下是否很緊繃？

有人會覺得頭皮很緊、有點疼痛、像是被緊箍咒般的沉重；太陽穴的位置也有些疼痛或刺痛；頭頂的熱度很高、覺得脹脹的……，試著感受每一個身體區域，留意每個區域的狀態，像是溫度、輕重、觸感或質地。

然後，再將注意力移往臉頰、眼睛、嘴巴……，一路往下到胸口、胃部、腹部、背部、雙腿、腳底……。

第1堂課：身體掃描冥想

小提醒

不要分析、不要評斷，只是友善的去感知。你會發現，有時候只要觀察一下各個區域，原來緊繃感就會自行消失。

第五步驟　釋放軟化

當你掃描完全身上下後，會知道自己還有哪裡感到很緊繃。現在，吸一口氣，觀想氣息流入此區，帶入更多平靜和放鬆。呼氣時，觀想氣息流出並釋放出去那些緊繃、情緒和壓力。呼氣完後，保持平靜，感受放鬆移入並停留沉澱於此。

你可能會感受到自己正在深呼吸，然後依次為每個緊繃的區域吸氣觀想帶入氣息，呼氣帶出釋放。重複以上的動作，直到你感到此區變得更加的柔軟與平靜。

小提醒

當你覺得釋放的不太夠，像是有些人會感到氣息無法順利流通（如：卡在腿部區域），那麼，不妨進行多次呼氣，直到你感覺此區釋放完畢，而且氣息可以順利的往下流動為佳。

第六步驟　全身檢查

當你依次釋放完各部位之後，再次檢查全身，感受是否還有哪裡有緊繃感。如果有，就做一次最後的釋放。

第七步驟　回歸平靜

此時，你可能會感到身體變得更加平靜放鬆，請在這個平靜放鬆感中多停留一下。

第八步驟　自我肯定

在平靜的狀態中，肯定自己，你可以對自己的內在輕輕點個頭，表示肯定本次的冥想練習，再吸一口氣對自己說：

「我愛我自己，我愛你身體，我釋放一切，我有好好地陪伴自己，我做的很好。」

第九步驟　意識清晰

然後，當你準備好，就慢慢地睜開眼睛，稍微伸展一下身體。

※如果你已準備就寢，做完後直接入睡即可。

第十步驟　記錄冥想

將冥想中發生的感受、轉變細節，通通記錄下來。

網友回饋

- 今天下午做了這個冥想，快結束的時候，感覺身體很輕，好像存在又好像不存在一樣，周圍也有一陣清涼的風，很舒服～謝謝亞蒂絲，感恩妳。
- 在很疲勞下練習，冥想完不知不覺短暫補眠，完成後像深層放鬆，精神飽滿。
- 有種自己給自己按摩的感覺。

Lesson 1
身體掃描冥想
《重點步驟》

STEP 1
放鬆內在

STEP 2
設定意圖

STEP 3
感受接觸點

STEP 4
身體掃描

STEP 5
釋放軟化

STEP 6
全身檢查

STEP 7
回歸平靜

STEP 8
自我肯定

STEP 9
意識清晰

STEP 10
記錄冥想

冥想練習紀錄

本次冥想時，覺得身體哪些區域是緊繃的？氣息卡在哪些區域？

（繪製你感受緊繃的區域）

冥想過程中，腦中出現了什麼念頭？

當觀察或釋放完畢後，我的身體或情緒有什麼轉變？

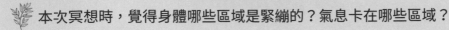

練習次數紀錄

身體掃描冥想次數	冥想日期	緊繃區域紀錄	已完成☑
（範例）	202x 年 x 月 x 日	頭部、後背上方、肩膀	☑
第 1 次	年　月　日		☐
第 2 次	年　月　日		☐
第 3 次	年　月　日		☐
第 4 次	年　月　日		☐
第 5 次	年　月　日		☐
第 6 次	年　月　日		☐
第 7 次	年　月　日		☐
第 8 次	年　月　日		☐
第 9 次	年　月　日		☐
第 10 次	年　月　日		☐
第 11 次	年　月　日		☐
第 12 次	年　月　日		☐
第 13 次	年　月　日		☐
第 14 次	年　月　日		☐
第 15 次	年　月　日		☐
第 16 次	年　月　日		☐
第 17 次	年　月　日		☐
第 18 次	年　月　日		☐
第 19 次	年　月　日		☐
第 20 次	年　月　日		☐
第 21 次	年　月　日		☐
第 22 次	年　月　日		☐
第 23 次	年　月　日		☐
第 24 次	年　月　日		☐

【掃 QR code】
連結 YouTube 延伸聆聽

Lesson 2
情緒釋放冥想

「無論我處於何種狀態，
我都將其視為一種被接受的心態。」

——印度哲學家 尼薩爾加達塔．馬哈拉吉
（Nisargadatta Maharaj）

你好，我是亞蒂絲。

今天的你好嗎？

歡迎來到第二堂課，我們要練習情緒釋放冥想，學習當情緒風暴來臨時，如何自行安頓身心，緩解並滋養內在，進而平緩下來。當我們的內在能夠到達平靜，你會重新感知到，自己有更多能力，並且萌生靈感去面對此刻的問題。

什麼是情緒釋放冥想？

我將「釋放情緒」視為一項重要的日常活動，因為當你開始進入內在時，你會訝異自己有多麼常發生情緒波動的事件。

情緒波動真的非常容易，例如：

- 當有人不肯定我們，或是用盡酸言酸語嘲諷……
- 你快要遲到了，卻一路上塞車、車陣連綿數公里，甚至前方有車突然插隊……

第 2 堂課：情緒釋放冥想

- 你買了漂亮高雅的衣服，回家後卻發現尺寸不符、顏色也不搭，或者因為漏看資訊不小心買貴了……
- 當你感受到家人、公司對你總是有過多的期待……
- 當你的考試分數偏低……
- 當你的老闆認為你表現不好、不接納你的想法，回到家，家人對你的想法又有所反彈時……
- 當你的工作進度總是遇到很多阻礙，甚至所有努力全部付諸東流，必須重新來過時……

世界教導我們，宣洩情緒代表你不夠成熟。但在家裡釋放情緒，往往也破壞了家庭的和諧，更會讓愛你的人傷心。

還有人傾向把情緒徹底發洩出來，要求家人、朋友、同事或世界吸收接納，卻傷害了所有接觸到他的人，使別人無法與之好好相處，而開始保持距離。

工作上，情緒容易影響到效率、專注度及和諧度。倘若你是領導，會讓底下的人無法好好工作；如果你是職員，則難以更有效率地執行手上的任務，而影響工作表現。

種種原因，使得很多人害怕情緒湧現，甚至會不知所措到任由情緒操控，讓身心如同被颱風四處橫掃一樣，徹底摧毀本來井然有序的內在世界。而有些人則因為不願意被摧毀，只好選擇去摧毀外在。

有些人會透過看影片來幫助自己釋放，看一些好笑、悲傷的劇情，卻發現這只是另一種壓抑和自我痲痺。到頭來只是往腦中塞了更多的資訊，方便自己「暫時遺忘」而已，並沒有真正達到釋放。因為，你的內在還是「沒有暢通，如同塞住的水管」。

你會發現不論是直接面對，或藉由逃避來轉移焦點，似乎都無法好好地處理情緒，也不能真正緩解情緒和問題。

為什麼呢？因為當你的情緒掀起驚滔駭浪時，內心會聚焦在負面狀態上，導致你的意識觀點變得非常狹窄，讓思考方向會成為偏離正道的錯誤。

舉例來說，有時候你急著找某樣東西，翻遍所有角落就是找不到，然而，當你平緩情緒放鬆心情後，不久後會自然的想起或發現它其實就近在眼前！

第2堂課：
情緒釋放冥想

以前我有位主管，某次笑著對我們說，他找老花眼鏡找了好久，不知道跑去哪裡，找遍了整張辦公桌上、抽屜、包包等所有地方，最後發現……就掛在在他的頭上！因為他習慣閱讀資料的時候，順勢把眼鏡往上一推。當心變得焦慮時，意識觀點往往會忽略顯而易見之處。

緩和心情固然重要，但是透過冥想能夠達到更多，因為在這種狀態中，我們關閉所有外在的資訊，你能真正回到內在，好好療癒受傷的心。

我不是在說冥想必定能解決你所有的問題，而是冥想完之後，你會感受到身心能夠暫緩休息。當你的情緒如巨浪拍岸時，全身都會處於備戰狀態，不知你是否有感覺到，當你每次情緒湧上時，身體已經開始做出大量的反應？如血壓上升、呼吸急促、肌肉緊繃等等……？

如果你是身體防禦型，強烈情緒會讓手腳冰冷、呼吸停滯，感到渾身疲憊。這時你需要進入冥想，讓全部身心平緩下來，人唯有在平靜才能做出最好的判斷與決定。

我測試過非常多次，每當我無法進入內在、好好地處理，我的專注點就會變得很狹窄。例如，當我憤怒與生氣時，滿腦子想的都是：「我要如何反擊，對方才會認為我是對的？」或者我要如何讓對方跳腳、明白我的痛苦！或是我要如何講更多的道理，如何挑戰或質問，讓對方徹徹底底明白，並接受我的回應模式。

相反的，當我進入冥想或從冥想狀態出來時，心靈會是寬廣而平靜的，此時的我能感知到，內在意識的焦點是更寬廣的。

例如：我會試著站在對方的角度和觀點來思考，他為什麼要這麼說？他內心真正的期待？他在外面遇到什麼壓力或挑戰，以至於對這件事失去耐心？

我意識到，有時候對方之所以和你爭吵，不是因為「你與他當下的事件」，這些或許都只是導火線，而真正的原因可能是，他將無法自行處理的煩躁情緒，轉嫁到你身上。

第2堂課：情緒釋放冥想

但這些更多的可能性，或說另一種處理事情的態度和方向，不會在心情狂亂時出現，往往是在我開始冥想，心靈感到平靜後，才會浮現的訊息。

有許多網友喜愛做釋放情緒冥想，主要是在感到悲傷、自卑的時刻；面對痛苦的時刻；因為生病而感到焦慮或壓力大的片刻，還有些人則是因睡前過度緊繃，而需要幫助自己釋放情緒。

透過冥想的力量，他們會逐步感受到自己的意識狀態發生轉變，並且感受到自己越來越有力量，身體也會有明顯的轉變，如：肌肉放鬆、血壓恢復平穩、心跳呼吸舒緩下來，也有人會以流淚來淨化內在，藉此疏通原本堵塞住的情緒，感到內在的灰暗逐漸散去……。現在，就來透過冥想幫助自己釋放淤塞的內心吧。

練習過程

進入冥想之初，你可能會感到情緒起伏不定、腦中冒出各種念頭。比方說，你想要立刻處理當下的困境，但其實你需要先承認之所以會有這些情緒，是因為你無法處理它們。所以你才需要先透過冥想來釋放情緒，並且信任自己在冥想後，會得到更好的思考方向。

冥想中途如果陷入情緒漩渦，只要輕輕提醒自己保持深呼吸，專注於冥想本身即可。所有想法等冥想結束後再說，看看是否有帶來不同的轉變。

如果情緒實在太強烈，導致你無法繼續冥想，那也沒關係。你只要好好接納當下狀態，一邊深呼吸一邊慢慢睜眼，等準備後再重新進入冥想。

冥想前，可以快速地多預習幾次步驟，以免進入內在時，還要重新睜眼查看而打亂了冥想狀態。

★練習時間：十五分鐘。

★練習次數：情緒上來時，就開始練習。

冥想準備

確保自己不會被干擾。

■將手機調整為靜音、專注模式或航空模式

你只需要十五分鐘，所以先暫時停止接收任何訊息，以避免中途被打擾。這個冥想一旦被打擾，就很難進入情緒釋放。

■確保家人、朋友或同事不會來干擾你

最好的方式是，告訴他們你想要靜一靜，休息一下，需要一些個人時間。

找到適合的冥想姿勢

坐著、躺著都可以，以你覺得最適合的姿勢冥想。過程中，若感到需要變化姿勢也沒有關係。

絕對隱密的空間

啟動這個冥想模式的條件是，必須在絕對隱密的空間、閉上眼睛進行。因為你需要先確保自己的安全，才能放手去感受許多身體待釋放的情緒。如果空間不夠隱密，你的釋放會有所保留，也難達到全面性的效果。

最好的空間就是自己的房間，你要確保不會有任何打擾，或者在周圍堆上枕頭或棉被，讓柔軟的物品安撫身心。另外，也別忘了準備衛生紙（如果你感到完全釋放，可能會想大哭一場……）。

第2堂課：

情緒釋放冥想

冥想開始

第一步驟　放鬆內在

調整姿勢，準備好放鬆內在。先從簡單的呼吸開始，當你感到自己準備好了，可以輕輕閉上眼睛進入下一個步驟。

當你情緒上來時，會很容易意識到內在狂亂的情緒狀態，這時可透過深呼吸來稍作緩和。

第二步驟　設定意圖

輕輕地對自己的內在潛意識說：「**我要花十五分鐘，好好地釋放情緒。**」

第三步驟　掃描情緒

說完後，輕輕地深呼吸三次，來讓自己放鬆下來。接著掃描全身的狀態，感受身體哪個區域儲存著情緒（如果不知道如何掃描，詳見第一堂課）。

第四步驟　標記情緒

當你感知到儲存的位置，輕柔地將專注力移往情緒裡。以慈悲的態度，允許這些情緒狀態出現，開始對自己的情緒標記，你可以對自己說：**我感知到內在有「受傷的情緒」、我剛剛真的有一股「疼痛的浮出」、我感受到這裡有「難受的想法」**……

這是幫助自己標記情緒，也是對內在情緒溫柔地表示：我看見你們了，我的情緒。

你只需要誠實、不帶評價的表達出來就夠了。

小提醒

如果情緒波浪太洶湧，沒辦法持續冥想下去，你可以接納當下的狀態，告訴自己沒關係，等到自己覺得準備好了，再次進來，然後輕緩地睜開眼睛。

第五步驟　釋放身體能量

在移往情緒的過程中，你可能會感到各種情緒，悲傷、淚水、憤怒……，你的身體會開始轉變。

此刻，讓自己緩緩釋放出這些劇烈的情緒。

此刻，感知你身體想要表達的能量。

深呼吸、吸氣，關愛自己的感受，你正在照顧自己，以呼氣允許它們釋放出來……

- 如果想哭就大聲哭出來。記得這裡只有你，沒人會看到你哭泣的臉。
- 如果你因為憤怒不停的喘氣，那就呼出內在憤怒的情緒。
- 如果你忍不住握拳、發抖，允許自己握緊拳頭、抖動或者甩甩手。
- 如果你感到頭很痛，那麼就搖搖頭。
- 如果你感到有點冷，就拿被子裹住身體，或用手抱住自己，給予自己一些溫暖。

這些都是身體能量過多的現象。重點在於，你要一邊回應那些情緒，一邊深呼吸。

當你感到身體能量慢慢釋放出去後，心情應該會逐漸恢復平穩。這時可以移往下一個步驟。

第六步驟　釋放意識能量

這個步驟中，你要與潛意識一起合作，釋放內在意識累積的負面能量。現在，先來感受一下，那些儲藏在你體內，如同石頭的沉重能量。

請用你內在的感受去觀看……

想像或觀想這些負面情緒匯集在你的手上，成為一個石頭形狀，當匯聚成形後，試著感受石頭的大小、顆數、顏色。

想像自己站在高處，比如海邊或山上。想像你可以把石頭丟向非常遠的地方，大海深處或山的另一頭，確保你將每一顆石頭都被丟遠方，徹底從你的視線中消失。

小提醒

★不論你感知到什麼，都不要去分析和評斷。分析會讓這些石頭消失或轉變。

★如果你願意，不妨對著大海或山林說話，說一些你想要釋放出來的話語。

第七步驟　再次檢查全身

感受一下丟出去之後的內在狀態。

當你依次釋放完每個部位之後，再次檢查全身，感受是否還有緊繃感。如果有，再多做幾次標記，然後釋放。

第八步驟　回歸平靜

此時，你可能會感到全身變得更加平靜放鬆，讓自己在這個狀態中多停留一會。

第九步驟　自我肯定

在平靜的狀態中，肯定自己。你可以對自己說：

「我知道這些負面情緒的出現，是因為我感受我需要愛，現在我先給予我自己愛，我是被愛的，我做的很好。」

然後深深的呼吸。

第十步驟　意識清晰

當你準備好，慢慢睜開眼睛，讓身體伸展一下，感受一下與冥想前的差別。

第十一步驟　記錄冥想

把剛剛冥想過程中出現的感受、轉變細節，通通記錄下來。

網友回饋

- 哇~讓我淚流滿面的冥想，感謝亞蒂絲，幫助我釋放負面情緒。感謝宇宙讓我遇見你。感恩，感恩，深深一鞠躬❤❤❤
- 謝謝亞蒂絲，讓我從悲傷自卑的情緒回到穩定的狀態。

Lesson 2
情緒釋放冥想

《重點步驟》

STEP1 放鬆內在

STEP2 設定意圖

STEP3 掃描情緒

STEP4 標記情緒

STEP5 釋放身體能量

STEP6 釋放意識能量

STEP7 再次檢查全身

STEP8 回歸平靜

STEP9 自我肯定

STEP10 意識清晰

STEP11 記錄冥想

冥想練習紀錄

冥想過程中，我查覺到自己將情緒儲藏在身體的哪裡？

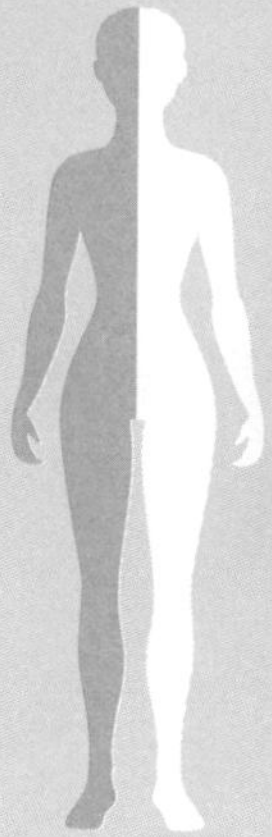

冥想過程中，我升起了什麼念頭？後來這些念頭有了什麼轉變？

如果情緒巨浪本來有 100%，本次練習後，釋放了_______ %？
哪一個步驟釋放了最多？

練習次數紀錄

情緒掃描冥想次數	冥想日期	情緒標記	儲藏在身體的位置
（範例）	202x 年 x 月 x 日	悲傷 + 憤怒	心、胸口
第 1 次	年　月　日		
第 2 次	年　月　日		
第 3 次	年　月　日		
第 4 次	年　月　日		
第 5 次	年　月　日		
第 6 次	年　月　日		
第 7 次	年　月　日		
第 8 次	年　月　日		
第 9 次	年　月　日		
第 10 次	年　月　日		
第 11 次	年　月　日		
第 12 次	年　月　日		
第 13 次	年　月　日		
第 14 次	年　月　日		
第 15 次	年　月　日		
第 16 次	年　月　日		
第 17 次	年　月　日		
第 18 次	年　月　日		
第 19 次	年　月　日		
第 20 次	年　月　日		
第 21 次	年　月　日		

【掃 QR code】
連結 YouTube 延伸聆聽

Lesson 3
自我淨化冥想

「不快樂的傳染速度比疾病還快。
它透過共振法則，引發且滋養了潛伏在別人裡面的負能。除非他們免疫——也就是具有高度的意識。」

——心靈導師　艾克哈特・托勒
（Ulrich Leonard Tölle）

你好，我是亞蒂絲。

今天的你好嗎？

歡迎來到第三堂課，我們要練習自我淨化冥想，本堂課將帶領你掃除內在的能量場，這是一個愛自己的重要方法。透過每天練習淨化自身與關愛內在，有助於提高自我意識，進一步掃除一整天的壓力與煩躁。自我淨化能避免你將外部的雜亂氣場、整日的負面狀態帶回家中，而且讓自己的意識回歸寧靜，維持家中的祥和氣氛。

什麼是自我淨化冥想？

早上醒來後，刷牙、洗臉、吃早餐，此時的你心情很平穩愉快。然而，走出家門後，你接觸許多人事物，進行許多談話和例行公事，遇上一些頭痛意外。一整天忙下來，回到家之時，你只感到渾身疲憊、意識混亂。

這種狀態下，如果家人開始談起你不喜愛的話題，或做出一些你厭惡的小舉動，會很容易感到惱火，甚至大發雷霆。你很納悶，起床時

第3堂課：自我淨化冥想

明明有提醒自己，要好好度過一天，為什麼回到家後就破功了？

其實，我們的磁場在醒來時分最為穩定，你會感到無比清爽。但隨著一天展開，你與許多人交談、參與了一些事件，所有人事物的磁場，因此交會進入你的身心。

磁場很難解釋，但你是否有過和某人談完話之後，渾身筋疲力盡的經驗？或是否曾置身一個你尚未開口，便已經渾身不自在的場所？

事實上，這表示你的能量不斷地在消耗。當我們的能量與周圍環境處於平衡狀態時，你能夠保持穩定的喜悅與平靜。然而，當能量消耗超過能負荷的程度時，你會快速衰弱，明明沒有運動，卻感到比運動還累。

那麼，該怎麼辦才好呢？有很多方法可以執行，好好泡個澡、運動跑步、到大自然中散步都是不錯的選擇。又或者簡單地閉上眼睛做個冥想，每天傍晚好好淨化自己，釋放攜帶一整天的混亂磁場。

這些方法意味著，你嘗試向內刪除、清理那些多餘和強加在你身上的思想。那些思想是一種精神負擔，例如：

老闆或客戶施壓，要求你提前完成工作、不停嫌棄你沒達到「完美標準」；

公司或學校內瀰漫著一股搖搖欲墜的氣氛，使你跟著搖搖欲墜、欠缺幹勁；

你的同事與老闆吵架，使整個辦公室氣氛降到冰點；

同學、同事們瞎起哄，即使你馬上離開了，卻直到深夜仍感到煩躁……

如果你有遇到類似上述的狀況，請立即停止手上的工作，開始進行深入的自我淨化冥想。這麼做能為你的精神做出有效的隔離與排除，如同洗滌一身灰塵般，那些蒙上精神的塵埃，你都能透過冥想一一洗淨。

研究發現：大腦網狀活化系統（RAS），位於我們腦幹下方，會把我們接觸到的所有聲音、感情、圖像等資訊收集起來，這些日常流向我們的訊息大約有兩百萬筆，而網狀活化系統會從中揀選少數資訊進入大腦，像是你會關注的想法、信念。換句話說，如果你經常關注負

第3堂課：自我淨化冥想

面的想法，那麼就會有負面的感受，陸續湧進你的大腦。

所以這個自我淨化冥想，就是為了幫助你釋放持續吸收的負面思想，轉而關注正向與平和的想法，而這些才是真正的精神糧食。如果某一天，你發現身邊圍繞的氛圍特別糟糕，不妨延長冥想時間或者多做幾次，你會感覺自己恢復得更順暢。

或許你現在正巧累積了一些壓力，下面就讓我們一起練習吧。

練習過程

練習過程並不困難，目的是淨化全身。這種淨化要帶著關愛、疼愛自己的態度，來洗滌一整天累積的混濁氣場。所以你的態度和意念，在這趟冥想中最為重要。

也就是說，你需要認定這樣做能夠淨化的狀態，如果沒有帶著這個意圖，冥想將不會起作用。這種淨化源自於你疼愛自己，以關愛的角度和心態去做來達成。

當你真正做到淨化的那一刻，你會感受到內在浮現當天的許多雜念、記憶；與他人互動（不論是好是壞）；一些忙碌繁雜的心情；老師或同學、老闆或同事給你的壓力和指令……。沒有關係，讓它們通通浮出來並允許它們離開，這正是自我淨化冥想幫助你淨化這些記憶，舒緩身心、回歸自我的奧妙機制。

★**練習時間：**十分鐘。

★**練習次數：**不限次數。

冥想準備

確保自己不會被干擾。

■ **將手機調整為靜音、專注模式或航空模式**

你只需要十分鐘，所以先暫時停止手機接收任何訊息，以避免中途打擾你，任何事情都能在十分鐘後處理。

■ **找到適合的冥想姿勢**

坐著、站著都可以。如果站著，就找一個地方能支撐身體的地方，避免冥想時因過度專注而重心不穩。

■ **練習空間**

回到家之前，例如：

- 住家的樓梯間、大門前；
- 如果你有開車，那麼在車上熄火前後即可練習；

- 在住家附近的公園座椅上；
- 人少的便利超商……。

回到家之後：

- 上床睡覺前，在房間或客廳進行。

一定要是個安全的場所，請勿到偏僻的角落，或人多混雜的地方。

如果實在沒時間，那麼至少在吃完晚餐、忙完所有事情之後，留一點時間給自己，在房間或客廳靜坐一會。

冥想開始

第一步驟　放鬆內在

調整好姿勢，確定這個姿勢可以完成整個冥想。當你準備好，先讓自己放鬆。

輕輕地閉上眼睛，先隨意地呼吸，平緩一整天下來的緊繃。

當你覺得自己準備好了，呼吸變得更輕柔、放鬆時，就進入下一個步驟。

第二步驟　設定意圖

現在，以輕柔並且懷抱目標意圖的對自己說：

「現在起的十分鐘內，我要透過自我關愛的態度來淨化自身，當我分心的時候，我會回到專注淨化上。」

這能幫助你的潛意識精確瞄準此刻的冥想目標，做到更有效的淨化。

第三步驟　淨化全身

帶著友善與自我關愛的心情深呼吸，吸氣時你會感受到一股清涼地氣息由鼻尖流入，帶入你的意念，明白這股氣習能夠淨化你。

感知這股氣息從頭頂開始，進入你的全身，向下流動，像是洗澡一樣，沖刷你身體今天接引的所有氣場。

如果需要，你也可以觀想成清涼淨化的流水，帶著意念知道這是來淨化你內在的所有氣場。

每一次吸氣，就將這股淨化的能量，往下帶到你想要流經的區域，吸氣時讓自己能吸得更「深」。

呼氣時，則將內在汙濁的氣場、壓力、一整天的雜事、在外面接觸的人事物，**所有令你心煩的想法情緒，全部隨著呼氣帶出**，記得，呼氣時要盡可能「緩、慢」。

慢慢呼氣，從頭頂一路淨化到腳底的所有氣場。

反覆多做幾次，直到你感到體內的細胞、意識，通通變得流

流動由頭部往下走。

暢、舒服和光亮為止。

小提醒

剛開始淨化時，你腦中可能會浮出很多雜念，例如：被客戶刁難，被老闆加了很多工作，或是同事、同學、朋友說了哪些話影響了你，甚至是陌生人對你說了一句挑釁的話，路上遇到一些阻礙……這些事件會通通浮現。但請記得，不陷入其中，出現時就讓氣息流入這些畫面，好好的淨化自己。

第四步驟　清除殘餘能量

再次檢查全身，尤其是你某一天發生太多事情時，你可能會發現還有一些尚未清除的部分。以下提供一個方法，幫助你清除潛意識中最後的殘餘能量。

現在，想像或觀想你的眼前有一個小盒子，你打開這個小盒子，讓它吸收所有你無法清除的能量。

讓自己帶著愛與平靜的力量，將體內殘餘的負面情緒、焦慮、壓力、悲傷，所有不舒服的感受和能量，通通放進小盒子裡。

觀想小盒子從你的手中逐漸飄離，飄向遠方進入宇宙的盡頭，進入宇宙的黑洞，讓自己的內在觀看著小盒子完全地消失在你眼前。

第五步驟　回歸寧靜

在此，你會感到一股寧靜的放鬆感，於內在逐漸擴展。因為你的內在已經妥善處理了這些雜亂的氣場，不論是你自己的或別人丟到你身上的。

現在，讓自己在這樣平靜狀態中至少一分鐘靜坐。如果可以，你多停留在這個狀態裡五～十分鐘或更長都無妨。

第六步驟　一件喜悅小事

想一想你今天睡覺前，能做哪一件小事來讓自己更加喜悅？可能泡個澡、看心愛的書、寫個日記、喝杯茶放鬆、家人擁抱，或是做一個小善事，讚美配偶一句話，陪孩子玩耍……。

第七步驟　自我肯定

在平靜的狀態中，肯定自己，你可以對內在輕輕點個頭，表示肯定本次的冥想練習，你可以對自己說：

「**我恢復了能量，一切都很好，從現在起，我回歸到平靜與幸福中。**」

第八步驟　意識清醒

然後當你準備好，慢慢地睜開眼睛，讓自己意識逐漸地清醒，稍微左右搖擺，晃一晃，轉動一下身體，脖子、手腳伸展，把心情重新調整後慢慢睜開眼睛。

第九步驟　記錄冥想

把剛剛在冥想中發生的感受、轉變細節，通通記下。

網友回饋

- 有股波動，突然像是開關，原來靈魂能夠擁有這麼多的愛與溫柔，無懼無條件的包容著，非常感動。決定將這份愛分享給身旁需要的靈魂，謝謝亞蒂絲。
- 練習冥想，往往能讓我在低潮或失意時釋放接並安撫自己的情緒，謝謝妳！
- 感謝亞蒂絲老師！多虧妳才撫平我不平靜、需要關愛的心。

Lesson 3
自我淨化冥想
《重點步驟》

STEP 1
放鬆內在

STEP 2
設定意圖

STEP 3
淨化全身

STEP 4
清除殘餘能量

STEP 5
回歸寧靜

STEP 6
一件喜悅小事

STEP 7
自我肯定

STEP 8
意識清醒

STEP 9
記錄冥想

冥想練習紀錄

冥想淨化過程中，我升起了什麼念頭？

淨化過後，我的身體肌肉、情緒有了什麼樣的轉變？
哪一個步驟特別有效？

下次我可以在哪裡進行？可以做哪些調整？
例如：做多久對我來說比較適合？

練習次數紀錄

自我淨化冥想次數	冥想日期	本次喜悅小事	已完成☑
（範例）	202x 年 x 月 x 日	讚美伴侶	☑
第 1 次	年　月　日		☐
第 2 次	年　月　日		☐
第 3 次	年　月　日		☐
第 4 次	年　月　日		☐
第 5 次	年　月　日		☐
第 6 次	年　月　日		☐
第 7 次	年　月　日		☐
第 8 次	年　月　日		☐
第 9 次	年　月　日		☐
第 10 次	年　月　日		☐
第 11 次	年　月　日		☐
第 12 次	年　月　日		☐
第 13 次	年　月　日		☐
第 14 次	年　月　日		☐
第 15 次	年　月　日		☐
第 16 次	年　月　日		☐
第 17 次	年　月　日		☐
第 18 次	年　月　日		☐
第 19 次	年　月　日		☐
第 20 次	年　月　日		☐
第 21 次	年　月　日		☐

【掃 QR code】
連結 YouTube 延伸聆聽

Lesson 4
自愛冥想

自愛是生命的關鍵：「先愛自己，其他一切順其自然。你真的必須愛自己才能在這個世界上完成任何事情。」

——美國知名女演員　露西爾．鮑爾

（Lucille Désirée Ball）

你好，我是亞蒂絲。

今天的你好嗎？

歡迎來到第四堂課，我們要練習自愛冥想，本堂課將提供十個步驟，協助你進入內在，重新學習觀察自己的內心，建立喜悅、積極的自我樣貌和思想，從中找回自愛的感受。

什麼是自愛冥想？

如果你不愛自己，遇上有人讚美說「你很棒！」時，你會接受嗎？或許你當下會接受，但下一刻，你可能又忘了。因為你的內在會出現一個聲音，說你不值得被愛，所以你開始挑剔對方的讚美，下意識地丟棄對方的欣賞與肯定。

我們的自愛，是與生俱來的嗎？

是的，確實與生俱來。嬰兒時期的你，儘管毫無行為能力，卻會勇敢表達你自己，餓了、冷了，就用哭聲來尊重身體的反應；當你學會笑，你會尊重自己的念頭，出聲表達喜悅，當時的你無時不喜悅，無

第4堂課：自愛冥想

時不快樂。

很可惜的是，在我們成長的過程中，卻學到了更多用來自我打擊的消極想法，做出許多不尊重自己身體和念頭的行為，你學會了嚴厲批評自己，也學會了打壓自我、推拒別人的欣賞與讚美，漸漸遠離與生俱來的自愛天性。

所以現在我們來重新調整意識，修復你的內在。在自愛中，你學習觀察你的起心動念，給予自己積極的信念，為潛意識建立一個全新版本的你，明白如何去轉變自己。

過程中，你或許會冒出很多負面念頭，一些對自己的標籤，一些細碎的想法，甚至懷疑的聲音。你可能會覺得枯燥乏味，甚至覺得沒有辦法融入，那是因為你離自愛實在太遙遠，你的內在與之並不相容。

但是你可以選擇透過自由意志，重新鍛鍊自己，再次回歸到這條自愛的軌道上。如同交響樂，從難聽的不和諧音，到為樂器進行試音後，終於得以合奏出協調的樂章。

從不愛自己到愛自己，這中間是一個過度時刻，需要你帶著信心，每天堅定的刻意練習。那麼有一天你將發現，這些畫面會毫不費力地浮現，不再像之前那樣，總要耗費大量的腦力。只要練習到一下子就能看見自己喜悅模樣的程度，你會更懂得如何在現實生活中去接近喜悅的自己。

當我們沒有把心思拉回自愛，久而久之，你會不懂得如何愛自己。開始迷惘，開始向外尋找肯定的力量，開始吞食一堆健康藥品，直到你忘記自己最喜悅的模樣。

在最不自愛的狀態下，許多人在冥想時根本看不見自己的模樣，甚至無法想像自己喜悅、活在愛中的模樣，反而經常看見自己的悲傷。然而，這等於是在鍛鍊大腦更加習慣悲傷，這不是一件好事。但透過自愛冥想，你可以刺激大腦，使大腦認知到你喜悅的模樣，明白原來「這是我喜悅時想要的模樣」，一旦大腦接收了這項指令，未來調閱愛自己的時刻，會更快速的連接，傳輸這些資訊給你。

第4堂課：

自愛冥想

練習過程

因為目的是練習愛自己，所以過程中你需要練習將心思放在觀察和感受自己身上。

觀察所有內在升起的念頭，真誠地去感受冥想過程中發生的一切，而且不去做任何的評判、分析。所有的分析、記錄，請在冥想十五分鐘後再來做。

自行引導需要先熟記步驟，你可以在練習前，先快速地跟著指示走一遍，好讓自己正式進入冥想狀態時，能夠更加順暢。

★**練習時間：**十五分鐘。

★**練習次數：**在不同天上練習二十一次。

冥想準備

確保自己不會被干擾。

■將手機調整為靜音、專注模式或航空模式

許多人在冥想中間，會聽到自己手機響起聲音，或是訊息簡訊干擾冥想，你提醒自己只需要完整的十五分鐘，就可以完成今天的功課，所以讓自己排除任何干擾。

■確保家人、朋友或同事不會來干擾你

最好的方式，告訴他們你想要靜一靜，休息一下，暫時不要打擾。

■找到適合的冥想姿勢

每一次冥想，我們都需要保持專注。有一些人會因為姿勢不當，導致冥想過程中不斷的分心，所以要先調整好你的姿勢，不論是坐著、躺著都沒有關係。

■全程在安靜的空間

確保你能待在安靜的空間，最好是自己的房間。這是一個陪伴自己的時刻，所以請不要在公車上或和朋友在一起冥想，效果不好。

冥想開始

第一步驟　放鬆內在

讓自己隨意地呼吸，放鬆下來，平穩內在，當你感受到內在變得平穩而輕柔，就可以開始下一步驟。

第二步驟　設定意圖

對自己的內在潛意識說：

「現在，我要花十五分鐘的時間，開始愛自己。」

第三步驟　深呼吸三次

進行三次深呼吸，每次吸入後，先屏住呼吸一下，然後放鬆呼氣。讓吸入的氧氣，能夠充分進入你的血液和細胞內。

完成三次深呼吸後，回歸正常呼吸節奏，直到你感到內在徹底放鬆。

第4堂課：

自愛冥想

小提醒

如果還沒放鬆，多呼吸幾次，全然尊重自己內在進行中的節奏。

第四步驟　送走想法

當你放鬆後，會感到有一些想法、雜念在腦海中徘徊。

這時候我們只需要觀察這些念頭發生，允許它們來去流動，意識到這些想法就只是一些「想法」而已。

接著承認它們的存在，然後謝謝它們，讓它們緩緩離開。

小提醒

想法只是想法。

所有不愛自己的想法，也只是自己的一個想法。

第五步驟　輸入肯定句

輕輕地睜開眼睛，保持柔焦狀態，對自己的內在練習以下肯定句。

這些肯定句是針對潛意識設計，你需要對自身的潛意識、對自己的內在唸出肯定句。利用每次練習，將句中的感覺，完全置入你的內在，或是去認真感受每個句子帶給你的力量與畫面。

今天，
我開始給我自己愛。
我會疼惜我自己，
我會善待我自己，
我會支持我自己，
我無條件接納我自己。
愛自己是一件很容易的事，

第4堂課：自愛冥想

我值得擁有愛，

我內心深處充滿著愛，

我是愛。

（反覆唸3次）

※你可以唸出聲，或是默念，最重要是感受文字中的意思，將這些文字的意思帶入你的潛意識。

唸完後，你可能發現需要更動一些文字，才能更符合你目前的狀態。

請寫下符合你的自愛肯定句：

第六步驟　觀想自愛

現在，觀想你自己正在微笑，充滿喜悅、積極的樣子。

然後詢問你的內心：「我充滿自愛的模樣是什麼？……我充滿自愛的話，我會做些什麼？」

感受一下內心帶給你的想法或畫面，將這個想法或畫面變得更清晰、生動，如同看電影一樣。讓自己沉浸在這個畫面裡一～五分鐘，直到你感到這個畫面已完整保存在你的記憶裡。

小提醒

有的人可能看見自己正在運動、讀書、積極學習技能、吃健康食品、泡澡、逛街或旅遊……等各種模樣，每個人不同，請依據內在的想法任其發生。

如果你發現內在沒有浮出任何畫面，也沒關係，冥想結束後多給予一些時間發酵，或許不久後就有畫面跳出來提醒你，何謂你心目中的自愛模樣。

第七步驟　與愛共處

當你沉浸在畫面裡，會有一種感受從內在升起，讓自己停留在這個感受中，與之共處，然後保持呼吸，覺察內在漸漸回歸平靜與自愛的狀態。

第八步驟　自我肯定

冥想即將結束，請肯定自己今天做得很好。

對自己說：「**我今天做得很好，我愈來愈懂得如何去愛我自己，我很棒。**」

第九步驟　意識清醒

慢慢地深呼吸，將意識逐漸拉回來，讓自己慢慢清醒。

小提醒

從冥想出來時，不要急促，急促反而會讓潛意識混亂。

第十步驟　記錄冥想

做冥想筆記，記錄今天在冥想中感覺到的細節。

網友回饋

- 感受到了平靜，愛自己真的很重要。無條件愛自己是門學問，平時都把注意力放在他人身上了。自己才是那個最重要的人。
- 冥想時不自覺的微笑著，可以很投入，我平常不容易投入的，真的很好。
- 唸著愛自己的文字，也慢慢感受愛自己是很棒的事，整個冥想結束後，身心有種放鬆舒服的感覺。感謝，感恩。

Lesson 4
自愛冥想

《重點步驟》

STEP 1 放鬆內在

STEP 2 設定意圖

STEP 3 深呼吸 3 次

STEP 4 送走想法

STEP 5 輸入肯定句

STEP 6 觀想自愛

STEP 7 與愛共處

STEP 8 自我肯定

STEP 9 意識清晰

STEP 10 記錄冥想

冥想練習紀錄

在放鬆的時候，我如何更好的放鬆？我的呼吸能夠做哪些調整？

感受念頭的時候，我觀察到了什麼？我內在有什麼感受？

唸了肯定句，觀想自己是自愛的時候，內在有了什麼轉變？

練習次數紀錄

自愛冥想次數	冥想日期	已完成☑
（範例）	202x 年 x 月 x 日	☑
第 1 次	年　月　日	☐
第 2 次	年　月　日	☐
第 3 次	年　月　日	☐
第 4 次	年　月　日	☐
第 5 次	年　月　日	☐
第 6 次	年　月　日	☐
第 7 次	年　月　日	☐
第 8 次	年　月　日	☐
第 9 次	年　月　日	☐
第 10 次	年　月　日	☐
第 11 次	年　月　日	☐
第 12 次	年　月　日	☐
第 13 次	年　月　日	☐
第 14 次	年　月　日	☐
第 15 次	年　月　日	☐
第 16 次	年　月　日	☐
第 17 次	年　月　日	☐
第 18 次	年　月　日	☐
第 19 次	年　月　日	☐
第 20 次	年　月　日	☐
第 21 次	年　月　日	☐

【掃 QR code】
連結 YouTube 延伸聆聽

Lesson 5
找回自信冥想

「自卑」是做自己的絆腳石，
人生只有一次，
可別讓這顆石頭愈長愈大，而阻礙了自己。

——知名主持人、作家　蔡康永
《情商課：為你自己活一次》

你好，我是亞蒂絲。

今天的你好嗎？

歡迎來到第五堂課，這堂課我們要來練習找回自信冥想。本次課程會利用十個步驟，協助你進入內在，找到自信的潛力與資源，並且與潛意識合作，提供新的資訊、重新編碼，找回你本質的自信、積極和喜悅的你。

什麼是找回自信冥想？

我以前是以「自信冥想」來命名，不過，當我深入去理解靈性的本質，卻發現我們的靈性天生就是有自信的。我們本身就是愛的能量，只因為對於愛有所誤解、扭曲，導致我們如今感受不到愛。

正如陽光本身就一直存在，但每次有雲朵經過，遮住了陽光，使你置身陰天，看不到陽光，也感受不到溫暖。或是每逢入冬，陽光的角度不再是直照時，你會有種即使看見陽光，卻體會不到充分溫暖的感受。

第5堂課：
找回自信冥想

但你真實的自信泉源，正如同陽光本身一樣，火熱地燃燒著。只因為你此刻的思想、狀態，偏離了原本的位置，或像是為照片增加了層層濾鏡，而蓋住了原本的色彩、溫度和亮度，導致你無法直接感受自信能量的本質。

很多家庭或社會信念，是不允許自信存在的，認為自信是狂妄、固執、囂張、張狂……，而不留情地加以打壓，使幼小的你學會「收斂」，變得小心翼翼，甚至養成了一股自卑心，不斷告訴自己：

「我永遠做不到。」

「我永遠配不上。」

諷刺的是，出社會後反而很要求自信，不少人因為長年受到壓抑，反而得用盡全力才能表現出自信感，時不時冒出的自卑感，引發大量的不安和焦慮，內在經常冒出自我批判的聲音：

「我很努力，但我不夠好……所以才……（開始自我挑毛病）」

「我很渴望，但我不值得去爭取因為……（開始自我設限）」

「他會和我分手，是因為我配不上他……（開始找自己各種缺點）」

「我不會成功的，因為我是……（開始找很多自身條件缺失）」——你很努力地試圖補救，但往往有一股甩不開的無助感。因為在背後驅動你的，不是自信的能量，而是自卑、脆弱和焦慮，使你經常吸引一些無法真正帶給你喜悅的事物。

原因出在你給宇宙的是焦慮，所以焦慮的事物就會回到你身上；你給宇宙脆弱的感受，宇宙就送給你容易碎裂的人事物。

親愛的，你能理解嗎？

所以找回自信的能量，放下自卑情結真的很重要。一旦你找回自信，你會懂得如何自我肯定，並且懂得如何從焦慮和脆弱中，堅強地站起來，開始在這個世界上好好行走。

無論你是從什麼時候開始，用自卑、焦慮、脆弱的策略，來幫助自己活著，或許是兒時的家庭教育，或者社會教導，那些都不重要了，現在你需要重新引導你自己，回歸自信，放下那些舊有的思維、慣性的策略。

現在的你已經到達一個狀態，可能是年紀，也可能是工作，或是

第5堂課：找回自信冥想

你的戀情，終於讓你發現：自卑不能再幫助你更多、焦慮和脆弱不能再給你安撫。這些方式都需要放下了。

你要拿起真正的自愛與自信，而且清楚明白，真實的自信不會自大、固執或張揚。真實的自信反而更容易對自己與他人保持高度的同情，充分理解自己與世界。

自信的能量會幫助你生存的更好，以更喜悅的狀態活著；推動你想要推動的事物，也能檢視自身需要待加強的方向，而且有力量去執行，一切事物，都因你的自信而活化。

本次練習完全瞄準潛意識的舊有慣性，重點是於持續帶給潛意識新規則和新策略，如同訓練肌力一樣。現在，就讓下面練習幫助你練出強健的自信肌力吧！

練習過程

因為目的是練習找回自信，我們需要利用潛意識中的資源，來幫助自己喚醒，並且透過輸入新的肯定句，來為潛意識重新編碼。過程中，你會不時感到舊有的信念開始對抗，沒關係，讓那些舊有的信念浮出，然後謝謝它們以前的照顧，只是你現在需要新的信念了。

接著來進行觀想。利用潛意識理解的語言與它對談，觀想中請帶著意圖、念頭，而非隨意的觀想。最後，停留在自信的狀態中一會，靜坐過程中，請依你的感受決定需要的時間，有人是一分鐘，有人則覺得五分鐘比較合適。

自行引導需要先熟記步驟，你可以開始練習前，先快速跟著文字練習幾次，理解步驟的細節。藉此幫助自己更容易進入冥想狀態，流暢輕鬆地應對每個步驟，如果一直頻繁查看書本，潛意識很容易受到干擾，產生抗拒感。

第5堂課：找回自信冥想

★練習時間：十五分鐘。

★練習次數：在不同天上練習二十一次。

冥想準備

確保自己不會被干擾。

■**將手機調整為靜音、專注模式或航空模式**

許多人在冥想途中，會因為手機或簡訊通知鈴聲而干擾冥想。請提醒自己只需要完整的十五分鐘，就可以完成今天的功課，所以務必排除任何干擾。

■**確保家人、朋友或同事不會來干擾你**

尋找一個你個人獨處的時間，在這段時間內任何人都不會來打擾你。或是你提前說想要休息，休息完後再進行討論或溝通。或者你也可以提早半小時就寢，做完找回自信冥想後，全身放鬆地入睡。

■找到適合的冥想姿勢

每一次冥想，我們都需要保持專注，有些人會因為自己的姿勢，導致冥想時不斷的分心。請調整姿勢直到覺得舒服為止，坐著或躺著都沒關係。

■在安靜的空間進行

確保空間完全安靜，最好是在自己的房間。這是一個陪伴自己的時刻，也特別需要進入內在，越能安心存在的空間越好。不要在公車上或和朋友在一起冥想，效果不好。

第5堂課：

找回自信冥想

冥想開始

第一步驟　放鬆內在

先藉由隨意地呼吸，放鬆下來，平穩內在。當你感到內在變得平穩而輕柔，就繼續下一個步驟。

第二步驟　設定意圖

對自己的內在潛意識說：「**現在，我要花十五分鐘的時間，開始找回自信練習，如果中間我發覺自己思緒飄移回舊有的慣性，我會再次轉回來到練習上。**」

第三步驟　深呼吸三次

吸氣，讓氣息進入頭部；呼氣，放鬆頭部。

吸氣，讓氣息下降到腹部；呼氣，放鬆腹部。

深入你的內心，感受內心正在拓展。

全身放鬆。

當你感到內在徹底放鬆，就能輕易進入下一個步驟。

小提醒

如果進入下一個步驟時，發現無法順暢進行，請回第三步驟。

第四步驟　三件自信小事

積極尋找自己的內在資源，你的潛能就藏身於其中。回想你從小到大，曾經擁有過的三件自信小事，任何芝麻小事都可以，不需要什麼豐功偉業。

讓自己盡情回憶和觀看，當時發生了什麼事，你運用了哪些資源。

至於所謂的小事，舉例如下：

- 第一次去上學時自信地與同學對話；

- 第一次辦好活動；
- 第一次完成的DIY創作；
- 自己一個人出去旅遊；
- 自己解決了一個數學難題；
- 把家裡或房間整理乾淨；
- 妥善應對了老闆或客戶的要求……

想一想你自己的三件自信小事是什麼？

小提醒

如果你只想起一件，甚至沒有想起，也沒關係。要是過度強迫自己「必須」想起來，潛意識反而會緊繃到無法回憶。接納當下的狀態。如果真的沒有，就提醒潛意識：「請幫我想起自己的自信小事」，放著，然後進行下一個步驟。

第五步驟　輸入肯定句

微微地睜開眼睛，持續讓意識保持柔焦狀態，對自己的內在練習以下肯定句。

這些句子都是針對潛意識所設計，你要對自己的潛意識和內在唸出肯定句。

練習將文字中的感覺完全置入內在，每一次唸讀時，都要相信自己就是這個樣子。

我生來就具備有高度的自信，

我生來就具有高度的自尊，

這是我靈魂內在本具有的能量。

我是重要的，我很重要，我的方式也很重要。

我是可愛的，我很好看，我很堅強，我很了不起。

我在這裡是有原因的。

我在這裡提供給世界和靈魂重要的東西。

（反覆唸3次）

※你可以唸出聲或默念，重點在於感受文字的意涵，將文字中的意念帶入你的潛意識。

※當你唸完後可能會發現，需要更動一些文字，以更符合你的狀態。

請在此寫下符合你現狀的自信肯定句：

第六步驟　觀想自信之光

觀想一道光帶著自信的能量，進入並充滿著你的全身，順著你的身體流動；

讓光從你的臉上散出，

觀想這能為你的面容帶來沉穩與自信的氣質。

讓光的氣息從你的鼻子出來，
觀想這能帶給你的呼吸一股穩定的自信。
讓光從你的四肢散發出來，
觀想這能給予四肢力量，使你的肢體語言更加篤定。
讓光從你的喉嚨散出，
這能讓你的話語散發著信心的光芒，
感受光充滿你的全身，
讓光激勵你，使你變得更強大更有愛，愛自己愛他人，充滿真正的自信，沉著與自我肯定，抱持難以置信的成功。
感受到自信與自愛。

第七步驟　與光共處

當你沉浸在觀想狀態裡，你會感到全身充滿光或自信的感覺，試著在此停留，多靜坐一會，徹底吸納這股感受，並記憶在你的細胞之中。

第八步驟　自我肯定

冥想即將結束，請肯定自己今天做得很好。

對自己說：

**「我生來就具有高度自信與自尊，
這是我的靈魂本質，我今天做得很好，我很棒。」**

第九步驟　意識清醒

慢慢地深呼吸，將意識逐漸拉回來，讓自己慢慢清醒。

小提醒

從冥想出來不要急促，急促會讓潛意識產生混亂。

第十步驟　記錄冥想

做冥想筆記，記錄今天在冥想中感受到的細節。

網友回饋

- 今天進行第十一天的冥想，過程中覺得身體突然被舒展開來，一股橘色溫熱的感覺在體內流動，肩膀跟背部也輕鬆了一些，結束時覺得自己好像沒有這麼糟糕了。
- 好想哭！我從不認可自己，當你讓我想三件事時，我才發現自己做到了好多不曾想過的事，感恩妳，讓我重新認識自己！
- 謝謝妳，有時候冥想到中間會感到煩躁，我大概還需要一些時間來增加自己的耐力……但每次聽完您的冥想引導，都會感覺自己被療癒修復，可以重新出發。

Lesson 5
找回自信冥想

《重點步驟》

1. STEP1 放鬆內在
2. STEP2 設定意圖
3. STEP3 深呼吸 3 次
4. STEP4 三件自信小事
5. STEP5 輸入肯定句
6. STEP6 觀想自信之光
7. STEP7 與光共處
8. STEP8 自我肯定
9. STEP9 意識清醒
10. STEP10 記錄冥想

冥想練習紀錄

你的「三件自信小事」是什麼呢？
當時你運用了什麼力量、潛能或技巧？
每個人的潛能發展都不盡相同，而你的自信小事會透露出一些值得參考的線索。

在冥想中，你曾經浮現出什麼念頭而讓自信退縮？記下來。
（記得，這些都只是你的「慣用想法」，現在的你正試著轉變那些慣用思維。）

唸了肯定句、觀想自己充滿自信時，你的內在有出現什麼樣的感受嗎？（轉變、熱度、力量⋯⋯）

練習次數紀錄

找回自信冥想次數	冥想日期	自信小事	已完成☑
（範例）	202x 年 x 月 x 日	流暢地與朋友談話、自助旅遊、考試順利過關	☑
第 1 次	年 月 日		☐
第 2 次	年 月 日		☐
第 3 次	年 月 日		☐
第 4 次	年 月 日		☐
第 5 次	年 月 日		☐
第 6 次	年 月 日		☐
第 7 次	年 月 日		☐
第 8 次	年 月 日		☐
第 9 次	年 月 日		☐
第 10 次	年 月 日		☐
第 11 次	年 月 日		☐
第 12 次	年 月 日		☐
第 13 次	年 月 日		☐
第 14 次	年 月 日		☐
第 15 次	年 月 日		☐
第 16 次	年 月 日		☐
第 17 次	年 月 日		☐
第 18 次	年 月 日		☐
第 19 次	年 月 日		☐
第 20 次	年 月 日		☐
第 21 次	年 月 日		☐

【掃 QR code】
連結 YouTube 延伸聆聽

Lesson 6
無條件
愛自己冥想

「接受自己，愛自己，並繼續前進。
如果你想飛翔，
你就必須放棄壓倒你的東西。」

——羅伊・貝內特（Roy Bennett），《心中之光》

你好，我是亞蒂絲。

今天的你好嗎？

歡迎來到第六堂課，這次要來練習無條件愛自己冥想。

無條件的愛，是我們每一個靈魂真正追尋的，偏偏這個世界上充滿著「有條件的愛」，於是靈魂總隱隱約約覺得自己缺少了什麼。事實上，我們只須進入內在，就能為自己找回那無條件的愛。

因而這次的冥想練習，目的是要幫助你回歸神性的內在，將自己轉化為高頻狀態。

為什麼是無條件愛自己的冥想？

真正的愛自己，指的是無條件愛自己。這種無條件，比一般的自愛與自信更加深層，也就是說，不在自己身上加諸任何條件。

如果，你總是希望自己更完美，認為自己「應該」是一個完美的人，那麼你可能會在意識中自我貶低、自我打擊。

第6堂課：
無條件愛自己冥想

你是否認為除非有錢，才能愛自己？
你是否認為需要一個好伴侶，才能愛自己？
你是否認為需要一個很好的工作，才能愛自己？
你是否認為需要一個聽話的孩子，才能愛自己？
你是否認為除非被上司肯定，才能愛自己？
你是否認為除非外貌符合社會認定高標準，才能愛自己？
你是否需要＿＿＿＿＿＿，才能愛自己？感受喜悅？感到自己的美好？

只要你在符合上述任一點，或者有任何想填入框格的內容，那你就不是真正的無條件愛自己。

在無條件的愛中，是迎向你自己的弱點，幽暗的深處表達關懷；你敞開完全接納真正的自己；你真誠友善地陪伴自己，而想做到這些並不容易，原因是我們一直身處自我打擊的文化中。

以我們的父母輩來說，他們大多接受人應該保持「謙虛」的教導長大的，所以小時候若有老師稱讚：

「哇，您的孩子真優秀！」

家長就會回說：「沒有這回事！我家孩子笨得很！」

當鄰居誇獎：「哇，您的孩子真可愛。」

家長則回答：「哎呀，哪有，你看他皮膚黑黑的。」

這種反應的背後，其實跟家長擔心若驕傲的說「對啊！我家的孩子就是聰明！」反而會讓別人覺得遇上了恐龍家長，將來恐怕會養出不可一世的孩子。

家長內在的恐懼與矛盾混合，既希望孩子被稱讚，又希望孩子保持謙虛，在這種矛盾心態影響之下，我們長大後，自然養成了一種既想被肯定，又要挖掘自身缺點，來自我打擊的習慣。

現在，我想請你仔細回顧，你有多少次告訴自己：我不夠好？

你在過去一周內，有多少次打擊自己？你在過去一個月內否定了自己多少次？你在這一生中，有多少時間覺得自己不夠閃耀？

很有意思的是，很多人覺得自己一生當中，只有五％的時間是閃耀的，剩下九五％則是黯淡無光的。換句話說，我們只有五％的時間

第6堂課：無條件愛自己冥想

用來肯定自己；剩下九五％的時間，則通通用來自我打擊。

由於我們潛意識屬於自動駕駛狀態，所以當你欠缺無條件愛自己的習慣時，你將發現，自動駕駛會把你拉回小時候家人為你置入的習慣——我不夠好呀！

當你覺得自己不夠好，不值得閃閃發光的話，會使你的自愛與自信程度降到最低。一旦下降，會連帶讓你的生命動能跟著降低，使你無法往前進，努力去活出想要的生命。

人一旦自認很差勁時，將難以保有高度的耐心、同理心，甚至也很難專注、積極地應對這個世界，受到種種打擊。比如，公司會交辦你處理一堆雜事，而非重要的任務；如果你在創作，則會發現自己創作的作品都很容易出狀況；如果想要獲得愛，愛你的人會覺得你很難相處，而想要保持一些距離。你會被愛完全隔離開來，你愛的人也無法從你這邊獲得美好的感受。

但這些都沒有關係，因為現在你看到了這段話，代表一切有了新的轉變。只要你願意認真對潛意識下功夫，改變自動駕駛的狀態，你會感到越來越好。

當我們開始練習這個冥想，我們要告訴潛意識，你是一個閃耀的存在。透過這份認知，你會慢慢發現自己內在的愛，這種愛是一種無條件的愛，沒有任何理由，沒有任何藉口，沒有任何限制，你完全可以去做那個閃耀的自己。這麼做能幫助你吸引愛、肯定與喜悅的到來。

現在，就讓我們去轉換內在吧！

第6堂課：
無條件愛自己冥想

練習過程

因為目的是幫助潛意識做轉變，所以我們先在潛意識之中，建立一個發光的自己重新與自己融合，最後將光帶入被藏於潛意識的內在角落，掃描釋放那塊幽暗區域。這麼做可以大量轉變不自愛、無法接納自己的狀態。當我們反覆輸入這些意念和光，潛意識會慢慢開始轉變，有人第一次就會感到明顯的差別。

同時，你也可以輸入自我肯定句，利用意念找回所有的力量。有時候你會冒出一些抗拒無條件愛自己的念頭出現，沒關係，就讓這些舊有念頭浮出，然後謝謝它們出來讓你意識到，自己過往的思考模式。因為，現在起，你打算重新轉變自己了。

本次的觀想畫面會非常細微，所以引導前請先熟記步驟。你可以在正式練習前，先快速跟著步驟練習幾次，理解步驟的細節。預習會讓你更容易進入冥想狀態，流暢地接續到下一個步驟。如果頻繁查看書本，反而會讓潛意識受到干擾，甚至出現抵抗感。

練習過程

★練習時間：十五分鐘。

★練習次數：在不同天上練習二十一次。

冥想準備

確保自己不會被干擾。

■將手機調整為靜音、專注模式或航空模式

把手機放在一個拿不到的地方，（如：你在房間就把手機放在客廳），讓自己與手機隔離一下。請把冥想當成讓內在心靈睡覺的時間，任何工作、交際的念頭都必須在此時放下。

■確保家人、朋友或同事不會來干擾你

第 6 堂課：
無條件愛自己冥想

尋找一個只屬於你的時間，在這段時間內，任何人都不會來打擾你。你可以提前說表示想休息，休息完後再與他們討論或溝通。或是在睡前練習，做完後全身放鬆入睡。

■適合採取坐姿

由於本次冥想，特別需要保持專注，所以我會建議採取坐姿，因為坐著比較容易進入觀想狀態。躺著的時候不容易觀想，但如果你認為自己辦得到，那麼你也可以躺著練習。

■全程在安靜的空間

請在安靜的空間中進行，最好是自己的房間，不要在公車上或和朋友在一起冥想。因為正當潛意識敞開，帶入大量的光和愛時，你的周圍有其他人事物，會輕易吸收到他們的狀態或氣場混濁之處，使整體效果大打折扣。

冥想開始

第一步驟　放鬆內在

先隨意地呼吸，放鬆下來，平穩內在。當你感到內在變得平穩而輕柔，就繼續下一個步驟。

第二步驟　設定意圖

對自己的內在潛意識說：

「現在，我要花十五分鐘的時間，專注在無條件愛自己的練習之中，如果中間發覺思緒飄移回舊有的想法，我會再次轉回到練習上。」

第三步驟　深呼吸三次

輕輕閉上眼睛，深呼吸，吸氣五秒，呼氣五秒，內在倒數秒數。讓自己吸氣到微微緊繃為止，呼氣時讓自己釋放並放鬆。幫助你進入更深的層次，當你足夠放鬆，就能有效提升觀想的品質。

深入你的內心，感受內心正在拓展。

小提醒

如果你發現自己的觀想能力沒有上來，沒關係，讓自己深呼吸並回到第一步驟先放鬆內在。

第四步驟　觀想自身

閉上眼睛，用內在的觀想能力，看見你從自己的身體分離出來在自己的前面，觀想著你自己。現在我們要將無條件的愛，帶給潛意識中的自己，對自己說：

我無條件的愛著你（自己），

我愛著你（自己），

我不需要外在的條件，才願意愛著自己，
我願意放下所有有條件的愛，所有社會提供的枷鎖。
就在此刻，去愛著自己。

第五步驟　帶入光

送出愛與光給眼前的自己，觀想眼前的自己因為接收了這股愛與光，而有了完全的轉變，你變成光，閃閃發光的自己，充滿了喜悅、平靜和滿滿的愛。

看見那個閃閃發光的自己後，觀想你進入到發光的自己之中，與之融為一體，你自己就是那個閃閃發光的存在。

第六步驟　閃閃發光

當你與發光的自己融為一體時，感受內在那道光，如同星光，飽含美麗純潔的愛，那是你對自己的愛。每個人看到的不同，有人是小巧光點，有人是諾大光點。你再看一下顏色，可能是白色、金色、粉紅色……等各種顏色，感受這股光，慢慢地閃著。

觀想這股光越來越大，將你整個人團團包圍，讓光照進你不曾回顧的的幽暗角落，那裡充斥著孤獨、寂寞與難受，讓光去填補內心的黑洞、靈魂的疼痛。

感受自身無條件的愛，進入這個不思議空間，感受這股沒有任何條件的愛，在愛著你。

觀想這股溫暖純淨的光攜帶著愛，流入全身，你的肌膚、你的器官、你的情緒、你的靈魂……從裡到外，直到你成為閃閃發光本身。

享受這股光芒，以強大的流動，敞開你的自尊、自信和自愛。

你會注意到你的內在、你的獨特、你的靈性、你靈魂的需要。

第七步驟　拓展自愛

最後觀想愛進入你的生活、你的家庭、你的親人、你的朋友、你的工作……感受你的自愛與自信融入其中。

第八步驟　自我肯定

重新肯定自己的內在，以及表達感謝：

我感謝我自己，
我是如此的閃耀動人，
我是如此的明亮，
我感謝我自己，
我允許自己注意到內心的美麗，
我謝謝我自己，
帶領自己進入無條件的愛，
謝謝，謝謝，謝謝。

第九步驟　**意識清醒**

慢慢地深呼吸，將意識逐漸拉回來，讓自己慢慢清醒。

小提醒

從冥想出來不要急促，急促會讓潛意識混亂。

第十步驟　記錄冥想

開始筆記，記錄今天在冥想中感受到的細節。

網友回饋

- 謝謝亞蒂絲的冥想引導，我在做這個冥想的途中「感覺」看到一個充滿自信又開心的自己微笑站在自己前面，我頓時感到很愧疚地抱住他道歉，覺得自己一直以來居然這麼嚴苛對待以及批判自己，途中也是不知不覺的流下眼淚，但做完冥想後感覺更能好好愛自己了，很謝謝這個冥想引導。

網友回饋

• 謝謝亞蒂絲，剛好想讓腦袋好好靜一靜，想要讓自己找到真實的愛，最純真的心，因為我的心……曾經支離破碎到不行，但我很努力的讓自己慢慢走出來，但是我時常知道我心中負面的聲音，即使在人前是正向努力不懈的工作……時時伸出援手幫助同事，但心裡時常覺得哪兒不夠好，或是什麼可以更好。有時候覺得心好累，想休息。直到昨天聽到感恩的冥想，才發現我的注意力大多在外在，卻忘了去好好感恩、去愛我自己、我的內在。如果沒有身體當靠山，其實我什麼也做不了……。謝謝妳的引導，讓我們可以試著給予自己無條件的愛^_^

• 無條件的愛自己，觸動我內心深處的包容與平靜，原來，這才是我最需要的愛，您這段冥想引導，眼淚會不知不覺的流出，謝謝亞蒂絲！謝謝！

Lesson 6
無條件愛自己冥想

《重點步驟》

STEP 1
放鬆內在

STEP 2
設定意圖

STEP 3
深呼吸 3 次

STEP 4
觀想自身

STEP 5
帶入光

STEP 6
閃閃發光

STEP 7
拓展自愛

STEP 8
自我肯定

STEP 9
意識清醒

STEP 10
記錄冥想

冥想練習紀錄

在冥想中我曾經浮出什麼念頭，讓我感受到自愛離去？（記得這些都只是你的「慣用想法」，現在你正在轉變這些慣用思維。）

觀想自己是閃閃發光、光的流入，唸讀肯定句時，哪一個部分讓你很有感觸？

做完這個冥想，內在有感到什麼狀態嗎？
或你升起了什麼想法？（轉變、熱度、力量……）

練習次數紀錄

無條件愛自己冥想次數	冥想日期	已完成☑
（範例）	202x 年 x 月 x 日	☑
第 1 次	年　月　日	☐
第 2 次	年　月　日	☐
第 3 次	年　月　日	☐
第 4 次	年　月　日	☐
第 5 次	年　月　日	☐
第 6 次	年　月　日	☐
第 7 次	年　月　日	☐
第 8 次	年　月　日	☐
第 9 次	年　月　日	☐
第 10 次	年　月　日	☐
第 11 次	年　月　日	☐
第 12 次	年　月　日	☐
第 13 次	年　月　日	☐
第 14 次	年　月　日	☐
第 15 次	年　月　日	☐
第 16 次	年　月　日	☐
第 17 次	年　月　日	☐
第 18 次	年　月　日	☐
第 19 次	年　月　日	☐
第 20 次	年　月　日	☐
第 21 次	年　月　日	☐

【掃 QR code】
連結 YouTube 延伸聆聽

Lesson 7
內在小孩冥想

「我們絕對不能低估這些心理程式
藏得有多深，以及當我們的言行舉止是出
於內在陰鬱小孩所受得傷，我們又是多麼
渾然不知。」

——德國心理學家　史蒂芬妮・史塔爾
（Stefanie Stahl），《童年的傷，情緒都知道》

你好，我是亞蒂絲。

今天的你好嗎？

歡迎來到第七堂課，我們要練習內在小孩冥想。課程中會利用九個步驟，來協助你與內在小孩見面，透過帶入愛，來幫助他們轉變成長，以及療癒你內在最深處，達到深層和解與自我整合的目標。

什麼是內在小孩冥想？

有好多網友來到我的頻道，希望能透過冥想來療癒內心，幫助自己轉好。遇上這種狀況，我會建議對方做內在小孩冥想。因為內在小孩是我們的根本，我們的初始，我們內在最重要的心靈碎片，這是此生中必須去整合的心靈區域，唯有去面對，你才會感到自己走向完整與合一。

我們每個人都有一個內在孩子，他是某個部分的你，保留著你童年時的心智、情緒與行為等狀態。現在的我們，儘管擁有成熟的大人外殼和心智，但這些大多是為了讓我們做到更完善的「防禦」。

第7堂課：
內在小孩冥想

防禦什麼呢？防禦自己不再像童年般的脆弱、無助或不被欣賞，為此我們在成長過程中，學會用很多方法來讓自己「看起來」更好。

但問題在於，那些我們童年時期受過的傷害、不被重視或被愛的記憶，它們造成的憤怒、孤單、寂寞、脆弱、迷惘、緊張等情緒，以及強迫我們為了接受外在聲音而壓抑的自我，這些創傷一直停留我們內心深處。

很多時刻，成人模式的我們會用一些大道理來安撫自己，但內心深處卻依然常常為了相同的情境而再三潰堤。

主要原因是，雖然物理實相的時間過去了，但只是下沉到我們的潛意識之中，被收藏、保留及壓抑在心底。所以儘管時間上已屬久遠的過去，心理上卻停留在當時的內在孩童情境中。

童年時期殘留的情緒能量、傷口或信念，在潛意識中凝結轉化而成的形象，是屬於意識狀態的一部分。

而內在小孩冥想的目的，是幫助你進入潛意識之中，呼喚內在小孩——換句話說，過去創傷凝結而成的情緒能量；某一部分的內在自我，那個屬於兒童時期的自我。

我們可以透過這個冥想，去療癒這塊內在區域，妥善地整合自己，整合那些陳年的負面記憶、情緒，甚至是你的童年狀態（內在小孩）。從療癒內在小孩來與自己和解，是一個很好的開始。因為只有你，你一個人，最能接近你的內在小孩，最能理解內在小孩正在想什麼，感受他們所有的狀態。你的內在孩小孩會對你完全敞開、直認不諱，因為他知道你就是他，他就是你。

當你遇見內在小孩時，會喚醒種種童年記憶與情緒。當你看見他時，你會知道，他之所以存在，是因為他對於目前的你，還有某種重要的影響力。你會因此發現，原來自己在某些時刻，會以孩子的面貌和反應，來回應生活中的許多事情。

在許多人的回饋之中，我發現大家的內在小孩都不太一樣。

有人發現自己的小孩，不太愛講話而且會躲起來，不喜歡接觸外在世界；

有些小孩只是很冷漠的看著他們，也對世界冷眼旁觀；

也有些小孩很愛哭、很孤單……

第7堂課：內在小孩冥想

但是，當我們開始與內在小孩溝通，給予充分的愛之後，你會看見他的轉變。當你看見內在小孩由陰鬱轉為開朗，代表你成功把愛帶進了內心深處，把新的信念與溫柔情感，帶給了你內在孩子。

很多人回饋我這樣的訊息，當他們進入冥想時，意外察覺到自己的內在小孩，已經在那裡等了很久，一直等待自己去與他們接觸，去理解他們，去滋養他們，等待愛的進入，而你就是那股愛，帶著愛進入到內在陪伴他們。

當內在小孩開始轉變時，事實上正代表你的內心情緒、記憶正在化解與轉變，由內在核心開始，如漣漪般一層一層向外擴張，最後影響你跟著轉變。大多數的人表示，自己內心變得更平靜與喜悅，一種溫柔與和諧的感受，會從內心拓展開來。

練習過程

因為目的是與內在小孩相遇，所以需要進行大量觀想。一開始盡可能讓自己平靜下來，深入內心。只要夠深入就能順利觀想到畫面，需要的時間會依據每個人的狀態而有所不同。

多數人能夠順利與內在小孩相遇和溝通；但也有極少數人一開始就因流淚而中斷，或者因為無法面對自我，而害怕與孩子相遇。那麼就換個時間，等心理準備好再來嘗試吧。畢竟，你的內在狀態永遠都在那裡，不必害怕，因為他就是你，你就是他。把面對內在小孩，當成一種深層的自我認識與療癒方式即可。

內在小孩需要你帶入充沛的愛，頻率大約一週一次，直到你發現狀況越來越好，這時可以改為每個月一次。

本次冥想將一步步的詳細教導你，如何與內在小孩相遇，以及提示溝通的方向，協助你與內在小孩相互理解。因此，引導前請先詳讀步驟，快速跟著練習幾次，理解相遇時要溝通的方向。如此一來，進入冥想狀態後，便能流暢地應對每個步驟，如果一直頻繁查看書本，潛意識容易受到干擾與抗拒。

★**練習時間**：二十分鐘。

★**練習次數**：每周一次，共十二周。

第7堂課：內在小孩冥想

冥想準備

確保自己不會受到干擾。

■ **將手機調整為靜音、專注或航空模式**

這個冥想需要大量的觀想，故請讓自己不會因為走神而難以進入。

■ **確保家人、朋友或同事不會來干擾你**

尋找一個完全獨處的時間，確定這段時間內，你能完全安心地與內在小孩溝通。如同迎接重要來賓，不要讓其他人闖入你們會面的時間。

■ **坐姿、躺姿皆宜**

一般而言，躺著也可以觀想畫面，若你發現躺著觀想有困難，就改採坐姿進行。坐著或躺著都沒關係。

■ **全程需要在安靜的空間**

請在安靜的空間，最好是自己的房間進行。不要在公車上，或和朋友在一起冥想。因為潛意識需要完全沉浸於內在之中，任何搖晃、不安全的狀態，都會使觀想難以持續。

冥想開始

第一步驟　放鬆內在

先隨意地呼吸，放鬆下來，平穩內在。當你感到內在變得平穩而輕柔，就進入下一個步驟。

第二步驟　深呼吸

輕輕閉上眼睛，深呼吸，讓氣息流入體內，接著呼出所有的壓力和緊繃，持續進行深呼吸，直到你感到身心變得平穩和放鬆。

小提醒

如果你發現自己的觀想沒有畫面出現，有可能是因為你太過緊張和期待，導致觀想能力沒有上來。沒關係，就繼續深呼吸到完全放鬆下來為止，或換個時間再來練習。

第三步驟　觀想時間線

觀想一道美麗的光束，從天而降，這條光束連接著你的過往。

你藉由這條線，回到童年時光，看見童年的自己。

想像你跟隨這道光束，來到一座美麗的花園。花園內有湖、樹木、小橋，以及和煦的陽光，這是一座適合與人會見的花園。當你走進花園時，你會看見一個孩子，那個孩子正是你的內在小孩。

第四步驟　與內在小孩相遇

當你看見內在小孩，請友善地觀察他。和他打個招呼，然後介紹一下你是誰。看看他有沒有什麼回應？

第五步驟　傳達愛

告訴他：

我很抱歉發生在你身上的事情，我希望自己當時能跟你在一起，我無條件愛著你，想要保護你，豪不保留的愛你。

傳達你的愛：

你很勇敢、很棒，我愛你，你對我而言，非常重要。
你值得被愛，值得被尊重……

（以及任何你想要傳達的話）

問問他：

是否需要什麼？

（你可以親吻或擁抱，看看內在小孩有沒有什麼回應？）

我允許你擁有一切想要的。

（讓自己把愛帶給內在小孩，並與之互動）

第六步驟　觀想合一

當你與內在小孩順利互動之後，觀想自己進入內在小孩之內，與孩子合而為一。

深呼吸，觀想吸入光芒，讓自己在合一的狀態中，全身充滿光。這麼做能同時療癒你與孩子，讓你變得更健康、自信，足以為你帶來新的機會與人生。

第七步驟　感受孩子的回應

最後感受一下，當你帶入光，與內在小孩溝通後，孩子真正接收到你給予的想法、愛，以及新的信念。你看見孩子逐漸轉變，開始微笑。

這時候你不妨再和他說幾句話，同時親暱的跟他說再見。

第八步驟　意識清醒

慢慢地深呼吸，慢慢地拉回意識，感受自己的身體，感受自己身處的空間，讓自己慢慢地清醒。

小提醒

從冥想出來不要急促，急促容易讓潛意識混亂。

第九步驟　記錄冥想

做冥想筆記，記錄今天在冥想中感受到的細節。

網友回饋

- 冥想時，我先是看到自己國小時的模樣，而且戴著奇怪的太陽眼鏡，手拿著柳橙汁，笑的很開心。後來我一直在黑暗裡哭泣，很害羞，不太想表達自己感受，我不想被發現我在哭，想用一個最舒服的方式與內在小孩相處，不刻意說話，一邊做自己的事，一邊觀察內在小孩，適時給予微笑慰問。最後我與內在小孩擁抱，小孩在我懷裡崩潰大哭。
- 點了香氛蠟燭，關了燈，療癒過程中我哭得稀裡嘩啦。我在那個花園看到內在小孩了，她一個人蹲著採花看蝴蝶，我們互相擁抱，一句話都沒有說。但光是這樣抱著，我已經感受到這給了彼此很多力量和勇氣。謝謝亞蒂絲給我這個機緣，療癒了我的內在小孩。

網友回饋

- 我看到小孩在木屋旁的湖畔草地上，享受著午後陽光，本體靠近小孩時，我們互相暖心的微笑，給了個擁抱。小孩非常喜歡陪伴的感覺，尤其對話時的陪伴字眼讓我流淚了，感覺內在的我很需要陪伴。所以我告訴內在小孩，我已經長大了，有力量保護你跟改變不喜歡的地方，有現在的我陪伴，你會更有面對世界的力量。

Lesson 7
內在小孩冥想

《重點步驟》

STEP 1
放鬆內在

STEP 2
深呼吸

STEP 3
觀想時間線

STEP 4
與內在小孩相遇

STEP 5
傳達愛

STEP 6
觀想合一

STEP 7
感受孩子的回應

STEP 8
意識清醒

STEP 9
記錄冥想

冥想練習紀錄

你遇見的內在小孩，處於什麼狀態？
年齡多大？表情？性格？他說了些什麼？

你怎麼表達你的愛？他聽了之後有什麼反應？

做完這個冥想，內在有產生什麼有別以往的感受嗎？

練習次數紀錄

內在小孩冥想次數	冥想日期	內在孩子狀態	已完成☑
（範例）	202x 年 x 月 x 日	寂寞、哭泣	☑
第 1 周	年 月 日		☐
第 2 周	年 月 日		☐
第 3 周	年 月 日		☐
第 4 周	年 月 日		☐
第 5 周	年 月 日		☐
第 6 周	年 月 日		☐
第 7 周	年 月 日		☐
第 8 周	年 月 日		☐
第 9 周	年 月 日		☐
第 10 周	年 月 日		☐
第 11 周	年 月 日		☐
第 12 周	年 月 日		☐

【掃 QR code】
連結 YouTube 延伸聆聽

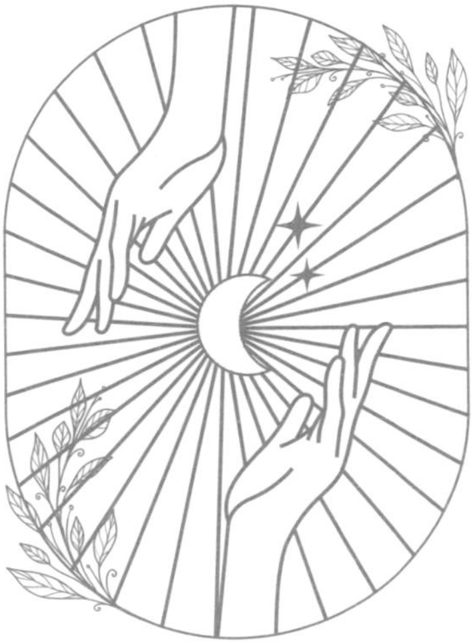

Lesson 8
愛自己 肯定句冥想

「只有學會掌控心靈的人，才能決定
自己的生活品質；具備了這種能力，也就
相當於接近幸福的境界了。」

——米哈裏·契克森米哈賴
（Mihaly Csikszentmihalyi），《心流》

你好，我是亞蒂絲。

今天的你好嗎？

歡迎來到第八堂課程，我們要練習愛自己的肯定句冥想。如果你曾疑惑：如何愛自己？愛自己的方法是什麼？那麼，就來嘗試愛自己肯定句冥想吧！讓這堂課協助你建立起積極的信念，並且透過轉變潛意識，來了解如何去愛自己。

什麼是愛自己肯定句冥想？

肯定句練習的目的，是反覆對自己的潛意識輸入新信念。

你往往會發現，有很多概念你明明「知道」，但每當相同事件發生時，你仍然採取舊有的反應模式。

原因就在於，你的「心智」知道，但你的「潛意識」不知道。或者也可以說，你的「成人模式」知道，但你的「孩童模式」不知道；你的「頭腦」知道，但你的「內心」不知道。

潛意識不會去分別對錯，所以如果它相信你認為「自己沒有價

第8堂課：愛自己肯定句冥想

值」，那麼每當你遇上好機會，可能就會出現抗拒或逃避的反應。比方說：

一個好對象來到你身邊，你可能會生出很多自卑感。

一個好的工作機會出現，你可能會因為恐懼、焦慮，憂心自己無法承擔使命，而選擇拒絕或搞砸。

當別人不尊重你時，你可能會覺得是自己沒有價值，不被尊重也是應該的。

這種例子舉也舉不完。

那麼，我們要怎麼去改變內在信念？你會發現無論讀了多少書、懂得多少概念，之所以沒有發生任何改變，是因為你的狀態不對，練習的方式也沒有直接打動潛意識。

真正有效的練習方法，其實非常簡單，猶如《信念的力量》作者克勞德．布里斯托（Claude M Bristol）寫道：「重複暗示的神奇力量能壓倒理智，直接影響情緒與感受，最終突破並滲入潛意識的最深處。」

你會發現那些早年養成的「我沒價值」信念，是由你的父母、社會價值體系，反覆輸入給你的。

所以，現在你也可以採取相同方式，對自己進行反向輸入。透過有意識的選擇，精心挑選出你真正喜愛的信念，反向輸入給你的深層潛意識，藉此轉變你的情緒和感受，讓潛意識再次回推到現實生活中，帶給你新的生命力量。

有些人會用背誦的方式來練習，但這麼做效果並不好。如果光靠背誦就能深入潛意識，當初你在學校背過的內容，早就可以改變你了，不是嗎？

主要是我們輸入時，當下的狀態非常重要。因為你必須與自己的內在對話，讓潛意識感受到你要傳達的信念，明白、理解與信任你想要傳達的想法。而冥想可以幫助你與潛意識溝通，你只需要找個時間坐下來，讓自己全然地放鬆，保持你的意念，完全專注。使內在有一種微微放鬆卻專注的感受，如此一來，潛意識就能輕鬆地聽到你想輸入的肯定句了。

第8堂課：

愛自己肯定句冥想

一旦你的內在重新建立起信念，你會發現自己的反應模式產生轉變，面對同樣一件事，卻能做出不同的反應。例如，當別人不尊重你時，你會從原本的默默忍受，到站起來為自身的底線和價值做出回應，吸引尊重你的人出現，那些不尊重你的人會離開。

當有好的機會來臨時，你會喜悅的接納，開始磨練自己面對挑戰，不再事先逃離或焦慮。

你會發現自己的生命變得更加美好，但這一切都需要從內心深處的信念開始著手。

你只需要每天花一些時間，帶著強大的意念，為內心下足功夫，就一定會有所轉變。

現在，就讓我們開始練習吧！

練習過程

雖然只是向潛意識輸入一些短句，但事實上，還需要你將強大意念灌注其中才行，而非只是讓句子左耳進右耳出。你要讓自己用心去感受每一個句子，並與之產生共鳴。

過程中，你對於某些句子會升起一些矛盾的信念，可能是你既有的不愛自己的念頭。你可以先記下來放在旁邊，然後深呼吸，讓自己釋放既有的信念，接著繼續往下練習，等整個冥想結束後再來分析。

當你認真練習完這些句子，而且在生活中運用這些句子帶給你的想法，你會發現自己越來越有自信，越來越喜歡自己。

★**練習時間：**十五分鐘。

★**練習次數：**在不同天上練習二十一次。

第8堂課：愛自己 肯定句冥想

冥想準備

確保自己不會被干擾。

■將手機調整為靜音、專注或航空模式

確保你在冥想期間，不受其他事物干擾。避免自己因為通訊軟體或信箱的提醒鈴聲，而忍不住想趕緊回覆的狀況。

■尋找一個沒有其他人的時間

冥想需要專注，所以要避免有其他人會來和你交談的情況。如：家人、朋友、同事、小孩……，請告訴他們你想要靜一靜，或者有工作需要全程安靜地完成。

■本次冥想空間

只需要可以獨自一人的空間，絕佳的練習空間當然是你的房間。但如果你必須在外面，也可以選在安靜的咖啡廳、圖書館、公車上、辦公桌前或公園，只要確保這段時間，你不會被干擾，能夠專心投入即可。

不論是坐著、躺著都沒有關係。

■找到冥想姿勢

一般而言是坐著練習，因為你需要看著肯定句。

不過，你也可以站著或躺著，只要練習時能夠專注於肯定句上面就可以了。

第8堂課：

愛自己肯定句冥想

冥想開始

第一步驟　放鬆內在

調整好一個舒服的姿勢，先隨意地呼吸，幫助自己舒緩身心，使內在做好準備，可以專注於接下來的肯定句練習上。

思緒放緩，直到你的身心不再感受到繁忙，或被其他事務所拉走。

第二步驟　深呼吸三次

每一次吸氣，都先屏住數秒後再呼氣，慢慢放鬆。

胸口放鬆、腹部放鬆、雙腳放鬆，感到內在升起更多的平靜，準備好讓你的頭腦和潛意識更加敞開。

第三步驟　設定意圖

對自己說：

「在這十五分鐘的練習過程中，我會專注在肯定句裡，我會深切的愛我自己，如果中途有分心，我會先吸氣回到肯定句。」

第四步驟　視線柔和

練習的過程中，你可以低頭瀏覽肯定句，保持視線柔和，同時將焦點放在內心閱讀時的感受，眼睛不須全程緊閉。

第五步驟　輸入肯定句

以下是肯定句的內容，請跟著複讀以下內容三遍，你可以按照自己的節奏念出這些短語。

所有的短語，都需要真心誠意地對自己表達，而非一種死背。你要去感受句子與自己之間的共鳴，或者你也能用默寫的方式練習，一樣有效。

第8堂課：
愛自己
肯定句冥想

我愛自己。
我是一個獨特而美麗的靈魂。
我值得被愛。
我和我一樣完美。
我是被愛的。
我是完整的。
我一直很好。
做我自己是安全的。
我深深地愛著自己。
我知道我整個人從外在到心靈都是可愛的。

我是一個擁有創造力量的人。
我是愛的本身。
我感覺到我對自己無條件的愛，
在我身體和每一個細胞中迴盪。

我重視自己。
我愛並接受我的一切。
我應該得到愛和尊重。
我值得快樂。
我值得笑和無憂無慮。
我值得表達和快樂。

我應該感到安全和有保障。
我應該感到輕鬆和自由。
我是豐盛和富足的。
我能夠很好的發展。
我應得的所有好處。
我是好人。
我是獨一無二的。
我很有天賦。

第8堂課：
愛自己肯定句冥想

我已經足夠好了。
我很安全。

我承認並欣賞我的才能和能力。
我尊重自己。
我相信自己。
我接受我的力量。
我需要的一切都已經在我體內。
我內心有完整的、無條件的愛。
我內心有力量。
我內心有幸福寧靜。
我內心有良善慈悲。
我內心有智慧。

我內在有價值。
我很有福氣。
我很健康。
生活以各種可能的方式支持我。
我被愛包圍。
我值得愛和快樂。
我重視並尊重我的界限。
我愛我的每一部分。
我愛並欣賞自己。
我愛並欣賞我正在成為一個美好的人。

我讓我內在的寶藏發光。
我相信自己。
我相信自己，我遵循我的真理。
我相信自己，我會照顧好自己。

我感到快樂是安全的。
被愛對我來說是安全的。
表達自己對我來說是安全的。
我活在當下是安全的。
我愛我本來的樣子。
我可以看到我真正的美麗。

我愛我自己。
宇宙的愛照顧我，
現在和永遠。
（重複以上內容三次）

第六步驟　找出共鳴

練習過程中，你可能會對某些短句產生共鳴，或感到文字傳給你某種訊息，使得愛自己的感受逐漸提升。

小提醒

如果無法對某些文字產生共鳴，該怎麼辦呢？

你可以自行調整成能產生共鳴的文字，比方說，有些網友表示，很難率直誠懇地說出：「我相信我自己」這句話；但是如果調整為「我開始學會慢慢相信自己」「每一天我都愈來愈相信自己」，反而更容易深入內在，幫助他們去愛自己。所以若遇上有所牴觸的肯定句，你不妨微調成自己可以接受樣子。

第七步驟　身體記錄

細細體會剛剛浮現的自愛感受，有些人會覺得內心敞開，有些人是渾身發熱，也有人忍不住牽起微笑或眼角泛淚……，不論出現哪種反應，都是很好的。任由自己沉浸在這個狀態中，靜坐一會兒。

第八步驟　自我肯定

肯定自己，告訴自己說：

「**今天我讓良善的信念進入我的內在，我愛我自己，我做得很好。**」

第九步驟　意識清晰

慢慢地深呼吸，將自己的意識拉回來，回到現實，感受自己所在的空間、身邊的人，將意識由內在拉出外在。

第十步驟　記錄冥想

做冥想筆記，記錄過程中感受到的細節。

網友回饋

- 「我值得快樂」「我值得笑和無憂無慮」「我值得表達和快樂」，這幾句話讓我瞬間飆淚。我小時候因為寄養在親戚家，什麼情緒都不太敢表達……。儘管如今距離那段童年，已經過了將近20年，我才發現原來那個內在小孩，至今仍然覺得自己不能笑，不能開心，不能過的好……。打到這邊我眼眶又濕了，謝謝老師製作這個冥想。這個冥想，讓我發現自己原來不允許自己快樂。謝謝老師，讓我更了解自己，往自我療癒上更進一步了！謝謝老師！
- 感謝亞蒂絲！在我能量很低時，練習後能量就提高了！最近正需要「安全感和有保障」。
- 這個能量好強大，內心滿滿感動，找回自己了。感謝亞蒂絲。

Lesson 8
愛自己肯定句冥想

《重點步驟》

STEP 1
放鬆內在

STEP 2
深呼吸 3 次

STEP 3
設定意圖

STEP 4
視線柔和

STEP 5
輸入肯定句

STEP 6
找出共鳴

STEP 7
身體記錄

STEP 8
自我肯定

STEP 9
意識清醒

STEP 10
記錄冥想

冥想練習紀錄

練習肯定的過程中，我的內在曾浮現出什麼念頭，
與愛自己不一致？

這股愛自己的能量，在你體內發生了什麼樣的感受？
讓身體發熱？還是變得更有力量？或者更平靜了呢？

為了讓愛自己肯定句更適合自己，我需要增加或減少哪些內容？
哪個句子特別適合自己？

練習次數紀錄

愛自己肯定句冥想次數	冥想日期	已完成☑
（範例）	202x 年 x 月 x 日	☑
第 1 次	年　月　日	☐
第 2 次	年　月　日	☐
第 3 次	年　月　日	☐
第 4 次	年　月　日	☐
第 5 次	年　月　日	☐
第 6 次	年　月　日	☐
第 7 次	年　月　日	☐
第 8 次	年　月　日	☐
第 9 次	年　月　日	☐
第 10 次	年　月　日	☐
第 11 次	年　月　日	☐
第 12 次	年　月　日	☐
第 13 次	年　月　日	☐
第 14 次	年　月　日	☐
第 15 次	年　月　日	☐
第 16 次	年　月　日	☐
第 17 次	年　月　日	☐
第 18 次	年　月　日	☐
第 19 次	年　月　日	☐
第 20 次	年　月　日	☐
第 21 次	年　月　日	☐

【掃 QR code】
連結 YouTube 延伸聆聽

Lesson 9
感恩冥想

「在平凡的生活中，我們幾乎沒有意識到
我們得到的比付出的多得多，
只有感恩，生活才會變得豐富。」

——德國路德教會的牧師、神學家
迪特里希．潘霍華（Dietrich Bonhoeffer）

你好，我是亞蒂絲。

今天的你好嗎？

歡迎來到第九堂課程，我們要練習非常重要的「感恩冥想」。感恩冥想在我的頻道上，一直是一個非常受歡迎項目，相信這是因為感恩的力量越來越受重視所致。

有越來越多人明白，感恩是一個獨特正向能量。感恩能夠帶來喜悅，使你活在豐盛之流中，如同你送出禮物，宇宙也會回應你禮物一樣。我們都喜歡接近懂得感恩的人，尤其是發自內心的感恩，會吸引更多人伸出援手。你也會發現，那些不懂感恩的人，他們身邊的人脈或資源，最終都會疏遠而去。當然感恩指的不是只用嘴裡達，而是你我雙方都能感受真誠才行，如此宇宙會更容易感應到這份頻率。

人人都明白感恩之心是一種善，而這個世界上，不論哪一個信仰體系，都很一致地指出要懂得表達感謝、要常懷感恩之心。大多數的國家，也都有各類表達感恩的節日，例如感恩節、母親節、父親節、教師節……。

第9堂課：感恩冥想

真心感恩是宇宙高頻的狀態，當你持續感恩，你會發現自己開始有所轉變，連帶使你周圍的人也跟著發生改變。有許多網友回饋，做完之後，內心會產生類似敞開或膨脹的感受，喜悅與感動之情在流動著。這是因為，當一個人願意感恩時，他的心輪會跟著敞開，引發高頻的震動能量，與宇宙的富有、愛與喜悅連結。

為什麼是感恩冥想？

當你將感恩的力量拉回自己身上時，你很容易察覺到，潛意識習慣將焦點放在負面事物上，無形中讓自己身陷麻煩。不過，當你找回感恩的能力，便能輕易將焦點移往正面事物上。懂得感恩的人，總會感到生命中充滿值得感謝的事，連帶將內心的溫暖延伸到日常生活中，溫暖身邊的人，讓身邊的人因你而開心。

美國知名媒體人珍妮絲．卡普蘭（Janice Kaplan）在其暢銷著作《感恩日記》中，提到自己以往只顧著埋怨先生，但是當她嘗試練習感恩時，她首先和先生說：「謝謝你在雪地裡，一路開車載我。」

她先生詫異地回說：「一直都是我開車呀。」她說：「所以我才感謝你，尤其是天那麼黑，我們都很累了。我知道我很幸運，有你幫我開車。」

她先生沒有說什麼，但是第二天晚上，她先生開始感謝她做飯，她聳聳肩表示自己一直都在做飯，沒什麼好感謝，但是卻發現自己的付出被認可，還是很開心。互動過程中，她察覺到兩人之間的狀態，因為感謝而逐漸改變，僅僅一週後，夫妻兩人的心情都變得很愉快。

感恩的力量不僅限於心靈上的感受，美國加州大學聖地亞哥分校與英國倫敦大學，兩校以感恩練習為題進行了一項研究。加州大學針對七十位有心力衰竭危險的男女為研究對象，要求他們書寫八週的感恩日記，結果發現能夠堅持寫下感恩日記的人，發炎狀況變得比較低。而倫敦大學則邀請一百一十九名女性，進行為期兩週的感恩練習，同時書寫感恩日記，結果發現她們的睡眠品質和血壓都獲得了改善。

根據加州大學做的一項腦神經研究，指出當大腦感恩時，會活化前額葉皮層與前扣帶迴皮質的部分，分泌出能產生愉悅感的多巴胺，

第9堂課：感恩冥想

並啟動腦內下視丘，這個迴路負責調節體溫、情緒反應、食欲和睡眠機制。

感恩確實會讓我們感到更喜悅、愉快。當你逐步地練習，腦部會因為活化，而持續關注有意義和幸福的區域，放下負面思考或沉溺於消極的迴路中。

當你腦中充滿喜悅與積極，潛意識會更容易看見機會，與人相處也會更加順利與融洽，同時現實生活中也會帶來更多的轉機，感恩能夠帶來豐盛與轉化危機的力量。

本次冥想練習，是亞蒂絲帶領的引導冥想中，最受網友喜愛的練習之一，有很多人會在起床、睡前各做一次。因為，他們有實際體驗到感恩練習，為人生帶來的深刻轉變。

練習過程

進行感恩練習時，心神要完全聚焦在感恩上面。你必須發自內心的去感恩，只是隨口念念不會有任何效果。因此，請撥出完整的十五分鐘，來專注練習。

感恩的過程中，內在會升起一些思緒、念頭、分析、評論。要是出現負面情緒或自我批判的雜念，請用深呼吸來釋放，然後再把專注力重新拉回感恩冥想的練習之中，重點在於喚醒感恩的感知與力量。

同時你可以將感恩的念頭，運用在日常生活中，這麼做將會帶來更大的轉變。

★**練習時間**：十五分鐘。

★**練習次數**：在不同天上練習二十一次。

冥想準備

■確保自己不會被手機干擾

調整你的手機，進入靜音、專注或航空模式，避免在冥想期間受到干擾而中斷。你需要提醒自己，只需要十五分鐘的空檔時間，即可完成這個練習，所以把這十五分鐘完全留給自己吧。

■確保自己獨自一人

確保你的家人、朋友或同事不會來干擾你，你可以坦承想要靜一靜、正在開會（和自己開會），或是你必須安靜地寫一些資料，有任何事情等你結束後再說。

■本次冥想空間

選擇讓你感到平靜的地方，第一次練習最好是在足夠安靜的場所。你獨享的房間是最佳練習空間，或者也可以在圖書館、咖啡廳、公車、寧靜的公園或自己的辦公桌上進行，務必確保你在這段時間內不會被打擾。

■找到冥想姿勢

你需要一個能保持專注的姿勢。可以是任何姿勢，席地盤腿打坐、坐在椅子上或躺著。當然，你也能以緩慢的正念步行方式進行。然後維持姿勢，專注冥想十五分鐘。

第9堂課：

感恩冥想

冥想開始

第一步驟　放鬆內在

先隨意地一邊呼吸，一邊調整自己的狀態，放慢下來，這是冥想前的暖身。

第二步驟　深呼吸三次

每一次吸氣，先屏住數秒，再呼氣放鬆。感覺頭部放鬆、內在平靜，這麼做能讓頭腦準備好進入內心。

第三步驟　設定意圖

深層放鬆後，對自己的內在說：

「在十五分鐘的冥想練習裡，我會專注於感恩之心，當我分心時，我會深呼吸回到感恩句上。」

第四步驟　視線柔和

練習過程中，你可以低頭半瞇著眼瀏覽肯定句，同時聚焦於閱讀的感受，不須全程緊閉雙眼。

第五步驟　練習感恩

以下是感恩練習的指引內容，第一次可以反覆唸讀下面文字十五分鐘。請以你的節奏念出這些短語。所有短語，都需要你以真心來表達。

※你也選擇用默寫來練習，只要誠心書寫感恩語句，一樣有效。

感謝，

感謝空氣，

感謝我的鼻子，使我能順暢呼吸；

感謝我的耳朵，讓我聽見這個世界；

感謝眼睛，讓我看見這美麗世界；

第9堂課：感恩冥想

感謝我的嘴巴，感謝讓我有不同的體驗；
感謝雙腳雙腿，讓我自由的行動；
感謝我的身體，照顧著我、支持著我，
感謝你們沒有停歇的工作。

謝謝時間。
感謝白天，感謝黑夜。
感謝今天，讓我活在當下。
感謝我所存在的世界。
感謝大自然，感謝氣溫；
感謝太陽，感謝月亮；
感謝星星，感謝山脈；
感謝陽光空氣，感謝雲朵風雨；
感謝自然的愛，讓我明白宇宙的奧妙。

感謝房子，感謝街道。
感謝我的房間，感謝我的房子。
感謝我身邊的牆壁，
因為有你們為我遮風避雨，讓我有安全的空間。

感謝手機，感謝電腦，感謝網站，感謝網路，
讓我連接世界，接觸到更多的人，了解更多的智慧。

感謝收入，感謝支出，感謝帳單，
讓我得到更多價值，讓我受到更多照顧。
感謝金錢，讓我學會理財價值。
擁有更多賺錢的能力，感謝財富的流動。

感謝宇宙的豐盛，
使我能體驗，受到不同人的給予，

第9堂課：感恩冥想

感受到豐盛的價值。

感謝幫助我的人，感謝接納我的人，
謝謝你的付出，讓我得到很多溫暖。
感謝讓我傷心的人，感謝拒絕我的人，
是你們讓我懂得成長；
是你們讓我深入內在的智慧。
感謝服務我的人，感謝我的朋友，
感謝我的家人，感謝陪伴，
感謝付出，感謝支持，感謝你們的存在。

感謝陌生人，感謝社會，感謝所有人，
感謝大家的存在。
每一個來到我生命之中的人，
都豐富著我的生命，使我有更多理解。
我感謝情緒，感謝痛苦，感謝悲傷，

感謝讓我學會在逆境中成長。
感謝生氣，是你們讓我開始尊重內心。
感謝沮喪，感謝壓抑，
是你們提醒我，內在還需要更多愛。

感謝愛，感謝平靜，
感謝喜悅，謝謝你們到來。
我愛你們，有你們真好。

感謝經歷，感謝成長，
感謝每一個年紀的我，感謝每一個內在的我，
每次經歷，都使我更加茁壯。
我感謝自己，感謝我的心，感謝我的意識，
感謝我的能力，感謝我的力量，
感謝優點，感謝缺點，

感謝我接納自己，感謝開始肯定自己。
感謝我開始感謝，感謝我自己，
學習提升我自己，懂得照顧我自己，
幫助自己渡過今天。
感謝我的靈魂，感謝讓我愛，
體驗愛，學習愛，充滿愛。
感謝此刻。
感謝，
感謝，
感謝。

第六步驟　找出共鳴

練習過程中，你會對某些文字產生共鳴，而每一次的共鳴，都能進一步推動你的內在，走入平靜與和諧之中。

如果你對某些文字無法共鳴，就自行調整成可以產生感恩共嗚的文字。

練習時，體會內心浮現的轉變與感謝的意念。

有些人會感到，某一句話想要多次重複，例如「感謝自己」。

那麼，請順著這個意念去反覆默唸。

或者當你讀到「感謝自然」時，請花一點時間想像自己置身於大自然中，真誠地感謝那些從大自然獲得的幫助。

第七步驟　身體記錄感恩能量

體會剛剛浮現的感恩情緒，讓自己穩定在這樣的磁場之中。

體會內在出現了哪些變化？或許你的臉上開始牽起微笑，有些人則會眼角泛淚，有人會察覺到一股正面力量湧現，有人則是盈滿了平靜感受。

讓自己停留其中，讓身體記錄下這份感恩能量。

第9堂課：

感恩冥想

第八步驟　自我肯定

肯定自己今天做得很好。

第九步驟　意識清晰

慢慢地深呼吸，將自己的意識拉回來，回到現實。感受自己身處的空間，周圍的人，將意識由內拉向外。

第十步驟　記錄冥想

做冥想筆記，記錄在冥想中感受到的細節。

網友回饋

- 謝謝亞蒂絲，這是我第一次做感恩冥想，非常震撼我的內心，一直感動的流淚，讓我得到了很多的愛，讓我知道真正的豐盛。感恩宇宙，感恩亞蒂絲。
- 感恩亞蒂絲~讓我將情緒及眼淚釋放出來了。我的身體好像有稍稍釋懷了。我會每天感謝自己，感謝身邊的人事物，以及感謝大自然母親。
- 感恩亞蒂絲，感謝傷心，感謝痛苦，感謝傷我心的人，感謝生氣，感情情緒，流下淚水，謝謝你。

Lesson 9
感恩冥想
《重點步驟》

STEP1
放鬆內在

STEP2
深呼吸 3 次

STEP3
設定意圖

STEP4
視線柔和

STEP5
練習感恩

STEP6
找出共鳴

STEP7
身體記錄感恩能量

STEP8
自我肯定

STEP9
意識清醒

STEP10
記錄冥想

冥想練習紀錄

在讀出一連串的感恩短句時，我的內在浮現了什麼樣的念頭？

這股感恩之情，我可以如何運用在日常生活中？
（例如：想對某人表達感謝之意）

為了讓感恩短句更適合自己，我能增加或減少哪些句子
用於下一次的感恩冥想中？

練習次數紀錄		
感恩冥想次數	冥想日期	已完成☑
（範例）	202x 年 x 月 x 日	☑
第 1 次	年　月　日	☐
第 2 次	年　月　日	☐
第 3 次	年　月　日	☐
第 4 次	年　月　日	☐
第 5 次	年　月　日	☐
第 6 次	年　月　日	☐
第 7 次	年　月　日	☐
第 8 次	年　月　日	☐
第 9 次	年　月　日	☐
第 10 次	年　月　日	☐
第 11 次	年　月　日	☐
第 12 次	年　月　日	☐
第 13 次	年　月　日	☐
第 14 次	年　月　日	☐
第 15 次	年　月　日	☐
第 16 次	年　月　日	☐
第 17 次	年　月　日	☐
第 18 次	年　月　日	☐
第 19 次	年　月　日	☐
第 20 次	年　月　日	☐
第 21 次	年　月　日	☐

【掃 QR code】
連結 YouTube 延伸聆聽

Lesson 10
大地母親冥想

「大地母親有療癒自己的能力，也能幫助我們療癒。我們要懂得如何皈依大地。」

——一行禪師，於梅村下村
（Plum Village － Lower Hamlet）開示

你好，我是亞蒂絲。

今天的你好嗎？

歡迎來到第十堂課，我們要來練習大地母親冥想。這個冥想的目的，是幫助你好好接納身體，更加專注於當下。

將能量導向大地母親的目的，是為了使你的靈魂與大地母親的能量重新連結。當你做過釋放和連接，你會產生一種被支持的幸福感，因為這時你的精神與靈魂將能重拾信心，專注投入你要在地球上實踐的生命旅程。

什麼是大地母親冥想？

當靈魂離開了靈性世界，會經常覺得自己是孤單的，沒有被滋養、妥善照顧。所以很多人感到不安、欠缺關愛與照料時，會試圖讓自己的靈性重回大地母親的懷抱之中。畢竟沒有人是完人，世界上所有人都是來自我修練的，包括生養你的母親在內。

長大成人的我們會逐漸意識到，自己的母親是人；不講理的上司也是人；對你擺臉色的路人也都是人。沒有人是完美的，我們都是走在各自修練旅程中的人類。

儘管如此，我們卻常常期待別人是完美的，無輪你當下處於什麼狀態，別人都該無條件給你關懷，但這種期待最終都會破滅。因為別人也和你一樣，都在靈魂成長的旅程上，只是有人走得比較遠，有人才剛起步。不過，無論走得再遠，每個人都是學生，跌跌撞撞地學習著。

或許，你偶爾會有一種失根的感覺，覺得無處是家，為什麼呢？因為你內在的某處清楚明白，家應該充滿無條件的愛、完全的包容和關照。這是靈性的你所期盼想望的，那個地方，其實就在你的心底，只是你忘了回去的路。

第10堂課：大地母親冥想

透過大地母親冥想，你可以接觸到內在的靈性、靈魂的歸所，在大地母親的懷抱中，你「確實」是被滋養、關愛，受到無條件的包容，這亦是靈魂尋尋覓覓的歸宿。過程中，我們必須脫離身為人類的感受，重新連結大自然，與你存在的這片土地、這個星球在一起，重新感知大地母親帶來的愛與溫暖。

大地母親經常包容和承載著人類帶來的破壞，有一些破壞需要透過強大的地震、颱風或火山爆發去做清理掃除。因為人類的能量往往過於低迷和傷痛，為大地母親造成沉重的負擔，如同人體會藉由打噴嚏或發燒來排解不適。大地母親是真實的存在體，請讓自己花時間，好好感受她的包容與愛。

有一些人的靈魂使命是來照顧地球，比如保護森林、山川海水，甚至專門照護動物，這類靈魂所追尋的價值，和一般世俗的認定標準的有一段距離。或許你能在這趟冥想練習中，感知到更多自己想追尋的生命旅途。

第10堂課：

大地母親冥想

練習過程

你可以將所有不安、孤單、焦慮和欠缺關愛的感受，傳達給大地之母。因為她是你靈性上的母親，而且能夠溫柔地承接星球上每一個靈魂的狀態。你可以藉由冥想，淨空自我，重新覺察到大地母親給你的愛與照護能量，幫助你活在當下，「腳踏實地」的在地球上順利投入屬於你的生命旅程。

★**練習時間：**十五分鐘。

★**練習次數：**每周一次，共八周。

每天早上或晚上睡前進行，都是非常好的時刻。熟悉後，可以在欠缺安全感、被忽視，覺得被掏空的時候練習。

冥想準備

■手機調整靜音

不要讓手機干擾你的冥想時刻，你只需要暫離短短的十幾分鐘。將手機調整為靜音或專注模式，避免其他APP的通知干擾，開啟航空模式也很方便。

■請家人、朋友、同事保持距離

這是一個獨處的時刻，你需要去釋放內在的負面狀態來滋養自己。所以務必空下一段只屬於自己的時間，好好感受自身狀態並進行釋放。請你的家人、朋友或同事暫離十幾分鐘，讓你安靜地休息一下。

第10堂課：大地母親冥想

坐姿、站姿、躺姿皆可

這個冥想有人喜歡盤腿而坐，因為盤腿交疊時，觀想的能量很容易由上而下傳送。

有人喜愛睡前冥想，好讓自己帶著滿滿的能量入睡，這麼做對潛意識和睡眠品質也有很大的幫助，所以躺著也無妨。

還有人會到公園，或站或坐在樹木旁邊進行，藉此接受滿滿來自大自然和土地的能量。

全程置身安靜的空間

請在安靜的空間中進行，最好是屬於自己的房間，但令人安心的大自然或公園是合宜的。在家中進行的最大好處是，潛意識比較容易完全沉靜到內在，任何搖晃、有其他人、氣場雜亂的地方，如公車上或餐廳裡，皆不適合觀想。

冥想開始

第一步驟　放鬆內在

先隨意地呼吸，當你感到內在放鬆下來，變得平穩而輕柔後，就繼續下一步驟。

第二步驟　深呼吸

輕輕閉上眼睛，深呼吸，讓氣息流入體內，再呼出所有壓力和緊繃，持續深呼吸，直到你覺得身心更加平穩和放鬆。

第三步驟　設定意圖

對內在說：

「在這十五分鐘內，我會好好專注於釋放與接收能量上，當我分心時，我會回到冥想狀態中。」

第四步驟　觀想巨木

想像你走進一座遼闊的大公園，裡面的氣氛屬於能讓你安心的那種。

你在公園內看到美麗的森林和優美的花朵。

溫暖的陽光灑落在你頭上，而且照耀你的全身。

路途中，你遇上了小動物，比方說松鼠、小鳥，牠們會與你保持恰到好處的距離，並感受到來自於你的尊重和愛心。

最後，觀想你走到一棵巨大的神木前面，這棵神木擁有深層的智慧，充滿無盡的愛，感覺就像你的靈魂歸宿。

第五步驟　轉換能量

當你感到神木的存在，就坐下來，讓神木的溫暖與智慧陪伴你，感覺你的心與巨木連接一起，你體內有一股溫和的能量，觀想這股能量往下傳到你的腳底，然後進入地殼、地心，最後來到地球大地母親的核心之處。

同時觀想大地母親將愛的能量波，從核心回傳給你，進入你的腳底、雙腿，一路向上回到你的心。

想像這一整顆星球，就是你靈魂的母親，在此，你也可以利用觀想，讓所有的不安與焦慮情緒，任何內心積累的負面不適感，向下流動進入核心，交由大地之母承接。

觀想這些情緒向下流動進入大地，讓大地之母傳遞愛和保護的能量回來給你。

第六步驟　感受大地之愛

此時，請試著想起大自然和土地給你的愛，你體驗到的大自然，充滿著美麗與愛；空氣、水，以及從土壤生長出來的食物，讓你得以好好生存；當你生病時，會用來自大地之母的植物為藥來治癒身體。

你可以進一步拓展到，山川河水滋養著在地球上的所有生物，同時你也被大地之母無條件的保護著。

第七步驟　表達感謝

由衷表達感謝，感謝大地之母帶給你的照顧，無論是生存上的安全，或是感官上的美麗。

你知道她總是盡力地為你提供最好的環境，使你擁有美麗的天空、乾淨的水源、美味的食物……

感謝任何你能想得到的，那些你所收下，全然無條件的照顧。

你與大地之母共振，請於內在觀想多停留一下，感受大地之母想表達給你的畫面，可能與大自然有關，或者你也可以問問自己是否有與大地相關的使命。

這麼做能同時療癒你和內在小孩，帶來更多健康與自信，甚至帶來新的機會與人生。

第八步驟　給予擁抱

無論你是否接受到，大地之母都已經理解你的心意了。

在觀想結束之前，請給予母親一個愛的讚賞或擁抱，或向她鞠躬或雙手合十。

意識到大地之母，是一個非常了不起的存在。

她雖然沒有如同人類的形體，卻是星球的意識狀態。

倘若大地之母不再願意提供滋養，那麼所有生物將無法居住在這顆星球上。

第九步驟　意識清醒

慢慢地深呼吸，將意識逐漸拉回來，感受自己的身體，感受自己存在的空間，讓自己慢慢清醒。

小提醒

從冥想練習中出來時不要急促，急促容易讓潛意識跟著混亂。

第十步驟　記錄冥想

做冥想筆記，記錄今天在冥想中感受到的細節。

網友回饋

- 感覺被一股很暖的能量包圍，很舒服，身體熱熱的，感謝地球母親的溫柔。
- 經期做這個冥想，腹部感覺很放鬆，疼痛減輕很多，謝謝妳。
- 感謝亞蒂絲的帶領，滿滿的愛、滿滿的感動，淚水不知不覺中湧出。

Lesson 10
大地母親冥想

《重點步驟》

STEP 1 放鬆內在

STEP 2 深呼吸

STEP 3 設定意圖

STEP 4 觀想巨木

STEP 5 轉換能量

STEP 6 感受大地之愛

STEP 7 表達感謝

STEP 8 給予擁抱

STEP 9 意識清醒

STEP 10 記錄冥想

冥想練習紀錄

哪一個階段讓你感覺最為放鬆？

你感覺大地之母是如何呵護你、滋養你的？

做完冥想，內在有感覺到什麼不一樣的變化嗎？

練習次數紀錄

大地母親冥想次數	冥想日期	感受到的狀態	已完成☑
（範例）	202x 年 x 月 x 日	滿滿的愛與溫暖	☑
第 1 周	年 月 日		☐
第 2 周	年 月 日		☐
第 3 周	年 月 日		☐
第 4 周	年 月 日		☐
第 5 周	年 月 日		☐
第 6 周	年 月 日		☐
第 7 周	年 月 日		☐
第 8 周	年 月 日		☐

【掃 QR code】
連結 YouTube 延伸聆聽

Lesson 11

幸福
肯定句冥想

「這相當的重要，請謹記在心中：我們的所思所言，日後都會成為我們的經驗。」

──自我療癒第一夫人　露易絲．賀
（Louise Hay）

你好，我是亞蒂絲。

今天的你好嗎？

歡迎來到第十一堂課程，我們要練習幸福肯定句冥想。

如果時間尚有餘裕，不妨早晚各練習一次幸福肯定句冥想，直到當中的信念深入你的內在，幫助你愛自己，擁有力量和取得成功，成為更幸福的人。練習中若有覺得信念卡卡的地方，仔細體會它們與你內在信念的差別，幫助你覺察並放下舊有的信念。

怎麼愛自己？如何愛自己？愛自己的方法是什麼？那就來聆聽愛自己肯定句冥想，建立積極的信念來轉變潛意識，讓你的潛意識更明白如何去愛自己。

什麼是幸福肯定句冥想？

我們對於自己生活的世界，往往只會把注意力放在生存的艱難上面。你的生命似乎充滿了考驗和各種心痛，常常覺得自己被傷害，背負了許多沮喪和傷痛。

第11堂課：幸福肯定句冥想

或許你以為人生旅程是一場磨難，但對於你的靈魂而言，這其實是一趟量身打造的特殊旅程。

每一天你都有機會進行重新校準，把自己的頻率拉回來，而肯定句能幫助你改變，讓內在向宇宙投射出你的頻率，吸引符合頻率的事物來到你身邊。

假如你覺得人生是一場磨難，就注定會吸引更多磨難；如果你內在充滿幸福，就會吸引更多幸福。

換句話說，我們應該給自己更多的祝福、自我肯定，同情和尊重自己的內在，肯定你極有價值，無條件的愛自己。只要你運用肯定句來強化，便能吸引更多幸福、積極的事物來到身邊。

宇宙尊重你的性格，尊重你的心靈，而非從你的行為來判定。所以，當你將意識專注於心靈上，便能受到宇宙的祝福，獲得和平幸福的生活。

你有能力和機會，每天對自己傳達這些肯定句。在一天結束，渾身沮喪、疲憊的時候，你會很需要帶給自己力量和幸運的肯定句。

肯定自己的才能和特質，感激所有過往的經驗，向你的靈魂和心靈表達祝福，感受到內在的榮耀、價值與自我的重要性，對我們來說是非常重要的時刻。透過幸福肯定句冥想，你能重新賦予內在靈性一股新的活力。

練習過程

本堂課句子是為了幫助你更幸福的短句，因為需要向潛意識傳遞這些句子，所以不是像背書一樣誦讀或死記就夠了，而是要好好感受每一個句子，與之深入共鳴。

留意過程中，可能會出現讓你產生違和感的信念，與你舊有信念互相衝突。例如你心裡有個聲音在懷疑「怎麼可能因此變得幸福？」這時，先深呼吸一下，再回到肯定句當中。或是你先暫停冥想，把懷疑寫下來、畫上刪除線，讓你的潛意識知道你想刪除這些舊信念（例如：~~自我懷疑~~），然後繼續往下走。

第11堂課：

幸福肯定句冥想

隨著你持續練習，或許會發現，這些肯定句漸漸地融入了你的日常生活中。初期可能還感受不到任何轉變，但只要持續下去，一定會逐步給潛意識帶入改變的能量。

★**練習時間**：十五分鐘。

★**練習次數**：在不同天上練習二十一天。

冥想準備

■手機調整靜音

讓自己盡量不受干擾，因為一旦被打斷，就很難再度進入冥想狀態。將手機調整為靜音、專注或航空模式，避免短訊或電話干擾。

■確保自己獨自一人

冥想需要專注和敞開潛意識，建議你在身邊沒有任何人時進行，除非有同好想一起練習。就像讀書時需要專心不被干擾一樣，通常只要有另一個人在，多少都會影響到你的專注狀態。

第11堂課：幸福肯定句冥想

適合的冥想空間

在任何你可以獨處、默念的空間練習，獨享的房間是最佳場所。或者選擇能自由敞開潛意識而不受干擾的場所，但切記一定要是安全的場所，例如浴室、圖書館、咖啡廳、辦公桌或寧靜的公園。

有些人問說開車時是否可以，如果你很熟練整個流程了，可以挑出其中一兩句話，在停下來的車上練習。我建議避免開車時練習，畢竟你需要隨時注意路況。

找到舒服的冥想姿勢

因為你需要看著肯定句，所以適合坐著練習。不過，你也可以站著或躺著，熟練的話，邊走邊練習也沒關係，只需要練習時能專注於感受信念即可。

冥想開始

第一步驟　放鬆內在

先調整好呼吸，讓自己放緩雜亂的思緒，準備好投入接下來的肯定句冥想之中。

第二步驟　深呼吸三次

緩緩地深呼吸，每次吸氣都帶入更多的放鬆與平靜，讓氣息進入胸腔、腹部，停留一會，再緩緩呼出，直到你覺得自己靜下心來，專注於內在。

第三步驟　設定意圖

對自己說：**「在接下來的十五分鐘，我會專注於幸福肯定句中，透過練習回歸幸福的本質，如果中途有分心，我會先吸一口氣，再回到肯定句上。」**

第四步驟　視線柔和

因為需要唸讀肯定句，你需要微微睜眼，保持柔和的目光，能看見文字即可，全神貫注於肯定句之中，真正焦點要放在內心的感受上。

第五步驟　輸入肯定句

以下列出的肯定句，充滿了幫助你更幸福的信念。第一次不妨跟著複讀三次，請以適當的節奏，輕輕默念或專注於感受句子，讓全身心融入這些冥想句子當中。

所有的短語，都需要你真心誠意地傳達給自己，這不是一種死背，而是去感受句子與你之間的共鳴。此外，你也能用默寫的方式來練習，一樣有效。

我很滿足，
我是一個知足的人，
我所擁有的皆已足夠。

我很知足，
當我停止感到匱乏，
我的生命會重新轉動，
我很知足。
我很感恩。

我覺知我的想法，
我選擇我的意念，
我是我世界的創造者。

我深深的、
快樂的愛著我的身體。
我的身體
擁有無上的智慧，
我完全的相信它。

第11堂課：幸福肯定句冥想

我的外表
是我自己想法的投射，
我每天都變得越來越好看，
我愛我在鏡子中的樣子，
我身體的每個細胞
都非常的完美。
我強壯而且健康，
我每天的活力
不停地在增加。

我的內心
指引我正確的治療方式，
健康和幸福
是我生來的權力。
我感謝我的細胞，
我感謝健康與活力，

我感覺自己變得
很強大、很健康。
我是愛。
我是慈悲。
我充滿關愛與和平。
我愛我自己，
我允許別人愛我，
我也允許自己給予別人愛。
我值得愛和尊重，
我值得身邊都是好人，
我值得擁有貴人。

我準備好
接受一段真實且充滿愛的關係。
我所有的人脈，朋友都非常的重要，
他們讓我感到充實、感到愛。

第11堂課：
幸福肯定句冥想

當我與他人分享愛，
宇宙就會回饋愛給我，
我感謝我所遇到的
每個人都值得我去愛。

宇宙知道我生命中
需要什麼樣的人，
我擺脫恐懼敞開真心。
當我愛我自己，
我值得被愛，
我也愛別人時，
我允許自己愛別人，
我無需恐懼迎接愛的到來。
我是完美的伴侶，
我值得獲得真正的關係，
充滿愛和尊重。

我覺知以往我選擇無用的方向，
我透過愛和接納
來轉化我自己。
此時此刻，
我選擇我的美麗，
我的力量，
我獨特存在的方式。
我是愛，
我在我周圍，
散播愛，
當我充滿愛時，
我體驗到溫暖與舒適。

我感謝自己所做的一切，
我很強大，
我有能力面對任何的挑戰。

第 11 堂課：

幸福肯定句冥想

我活在當下，
過去不再束縛著我。
我創造我的想法，
我只選擇積極的想法。

我是安全的，
我很自由，
我從任何的內疚
任何的遺憾
各種的匱乏中
解脫出來。
我盡我所能的
提升我自己的生活，
提升我的靈魂。
我的話語帶給別人光明，
我擁有正面的回憶，

我記得我美好的時刻，
我放下所有的過去，
從現在開始，
我專注於
創建充滿愛與幸福的未來。
（重複以上內容三次）

第六步驟　找出共鳴

練習過程中，你可能會對某些短句產生共鳴，或者感應到文字傳達給你的某種訊息，而提升了愛自己的感受。你可以挑一兩句特別有共鳴的句子，作為日常生活中，專門用來隨時提醒自己的幸福肯定句。

例如，你對「我是愛」這句特別有感，那麼請在平日的任何時刻提醒自己默唸這句話。

第11堂課：

幸福肯定句冥想

第七步驟　身體記錄

冥想時，讓這些帶有信任意念的肯定句為你帶來力量，提昇內在的幸福感，你要敞開心房，相信自己能夠幸福。這股對幸福的信念會包裹住你，轉變你本身的磁場，從而吸引真正的幸福來到身邊。

所以，請在這個幸福磁場中，停留至少一到十分鐘。靜坐一會，使你的身體記錄下此刻的狀態。

第八步驟　自我肯定

肯定自己，對自己說：「**今天我讓幸福的信念進入我的內在，我做的很好，我很幸福。**」

第九步驟　意識清晰

慢慢地深呼吸，將意識拉回來。回到現實，感受自己置身的空間。如果你覺得有點恍惚，就多做幾次深呼吸，將意識由內拉向外。起身時，可以動動手腳，站穩後再去做其他活動。

第十步驟　記錄冥想

做冥想筆記，記錄今天在冥想中感受到的細節。

網友回饋

- 今天進行第十三天冥想。感覺非常單純，只有滿滿的踏實感，有了踏實感，好像更容易感到滿足進而變成幸福。
- 第一次進行這個冥想，大部分的話語都是一路走來接觸的，非常熟悉！不過，卻有種埋藏在內心的寶藏，被一一挖掘並澆水灌溉的感覺！感謝亞蒂絲的愛，你也很棒喔！
- 肯定句冥想很好！我在這裡學到覺察之光，然後放在每個浮現的念頭或感覺上，去面對、體會、釋懷包容、再放下，變得更加通透輕盈。我很開心，感謝宇宙的智慧，和我擁有的一切。再次謝謝亞蒂絲用心製作這麼棒的引導。

Lesson 11
幸福肯定句冥想

《重點步驟》

STEP 1
放鬆內在

STEP 2
深呼吸 3 次

STEP 3
設定意圖

STEP 4
視線柔和

STEP 5
輸入肯定句

STEP 6
找出共鳴

STEP 7
身體記錄

STEP 8
自我肯定

STEP 9
意識清醒

STEP 10
記錄冥想

冥想練習紀錄

冥想過程中，我內心曾浮現出什麼念頭，與幸福的信念不一致？

這股幸福的能量升起時，你感覺自己的身體在哪裡？
更溫暖？更有力量？或是更平靜了呢？

為了讓幸福肯定句更適合自己，我需要增加或減少哪些內容？
哪個句子特別適合提醒自己變得更幸福？

練習次數紀錄

幸福肯定句冥想次數	冥想日期	已完成☑
（範例）	202x 年 x 月 x 日	☑
第 1 次	年 月 日	☐
第 2 次	年 月 日	☐
第 3 次	年 月 日	☐
第 4 次	年 月 日	☐
第 5 次	年 月 日	☐
第 6 次	年 月 日	☐
第 7 次	年 月 日	☐
第 8 次	年 月 日	☐
第 9 次	年 月 日	☐
第 10 次	年 月 日	☐
第 11 次	年 月 日	☐
第 12 次	年 月 日	☐
第 13 次	年 月 日	☐
第 14 次	年 月 日	☐
第 15 次	年 月 日	☐
第 16 次	年 月 日	☐
第 17 次	年 月 日	☐
第 18 次	年 月 日	☐
第 19 次	年 月 日	☐
第 20 次	年 月 日	☐
第 21 次	年 月 日	☐

【掃 QR code】
連結 YouTube 延伸聆聽

Lesson 12
寬恕冥想

「真正的寬恕要了結過去，
了結全部的過去，使未來成為可能。」

——諾貝爾和平獎得主暨前南非大主教　戴斯蒙．屠圖（Desmond Tutu），《沒有寬恕就沒有未來》

你好，我是亞蒂絲。

今天的你好嗎？

歡迎來到最後一堂課，我們要練習寬恕冥想。對某些人而言，「寬恕」需要經歷一段內心的糾葛，算是進階的靈性冥想，所以我把這堂課放在最後，因為寬恕冥想也是愛自己的重要的墊腳石。

寬恕是是你向宇宙發出「願意前進」的訊號，你不想再滯留原地了。寬恕的反義詞是怨懟，這是一種深藏於內心的強大意圖，會投射出巨大的負面能量。當這股負面能量卡在生命中太久，往往會讓生命無法繼續前進，內在永遠得不到安寧與和平，甚至無法回歸愛的懷抱。所以我認為，願意展開寬恕冥想的人，都是有福的。

什麼是寬恕冥想？

當一個人的內在充斥著強大的憤怒能量，這些能量往往會吞噬一個人的生命進展，使內在經常處於困擾與騷動之中，並且反映在生命的各個層面上。

第12堂課：寬恕冥想

一個痛恨母親的男人，他可能會在婚姻層面出問題，時不時覺得妻子像自己的母親，進而把怨恨發洩在妻子身上。

一個痛恨父母親的子女，在與長輩、上司相處上會感到困難，甚至在感情婚姻上也經常感到愛的缺失和匱乏。

一個痛恨前男友的女孩，很容易再度陷入一段錯誤或矛盾的戀情之中。

一個痛恨前夫的女人，會帶給自己和孩子痛苦，導致在失去了婚姻之後，也失去了自己，更失去了與孩子之間的連結。

如果你經歷過類似痛苦，你的內在會讓這些痛苦持續發酵，使你必須耗費極大的力氣，才能平復這些深藏內心、躁動不停的憤怒能量。所以，我想提供一個幫助你面對並化解這些憤怒的方法——寬恕冥想。

寬恕和祝福是一條讓心靈通往飛躍的道路，幫助你徹底擺脫過去，進入真正美好的未來。

寬恕不是要你無條件原諒，或是要求你遺忘發生過的事情。因為任何過去的傷害和錯誤，都是內在的一場學習，造就了如今的你。如果僅是嘴上原諒或徹底忘記，你將不再是如今的你，而寬恕是靈性得以真正成長的開始。

事實上，有些人認為寬恕是一種懦弱的表現，但這個看法是徹底的錯誤。因為，唯有真正有力量的人，才可能發自內心地進行寬恕與和解。

當你相信自己有力量超越那些痛苦，相信自己的心靈具備強大的能量，才有可能去寬恕他人。

也有些人之所以不願意寬恕他人，是因為不希望事件被輕輕放下，認為對方必須跟自己一樣受傷，才能撫平心中的痛苦，但這是真的嗎？看見對方受傷時，我們心中真的會感到舒服嗎？我們是否會因此變成跟對方一樣的人？

沒有人是完人，我們經常出於下意識自動疏遠愛的觀念，而不小心傷害了身邊的人。但正因為我們是人，還在學習的路途上，所以我們需要藉由這樣的過程，來幫助彼此的靈性學會如何去和解與寬恕。

寬恕能夠幫助你全力衝刺於提升靈性。然而，我們往往因為內在的憤怒，創造了與愛的體驗完全相反的不和諧，致使這股憤怒反噬自

第 12 堂課：寬恕冥想

己的身體。或者，你會在無意之間攻擊身邊的人，讓他們因你而受傷。

憤怒甚至會使你與對方深深綑綁在一起，在你的意念中，將你的憤怒與對方的靈魂深深綑綁在一起。

由美國作家暨靈媒——珍．羅伯茲（Jane Roberts，1929-1984 年）於其著作《個人實相本質》（*The Nature of Personal Reality*，本書有新時代哲學基石之稱）中，透過通靈所下載的賽斯資料（Seth Material）表示，人類放不掉的憤怒會跟著轉世。

宇宙會讓你們再次相遇，直到憤怒化解。資料中提到，有一位男子在某一世，他有位同僚被控告有罪。但實際上真正做錯事的，是這位男子而非同僚，他心底知道卻不敢說出口，招來同僚極深的怨恨。兩人轉世後，同僚成為男子的父親。男子在成長過程中，他的父親總會有意無意地苛刻，使兒子內心受到很大的傷害。兒子的潛意識也知道，他前世曾經傷害過父親，所以自己會盡可能地彌補，但父親的一昧苛求，仍然使他受到很深的傷害。另一方面，這位父親明明愛著兒子，但總是懊惱自己為何要去傷害兒子，父子之間無法擁有美好的互愛關係而感到痛苦。

這裡並非要為父母對子女的傷害找藉口，不是說因為前世如此，所以今世就可以自由地去傷害他人。我舉這個例子，只是想強調因為有放不下的怨懟，宇宙才會幫你們再次相聚，綑綁在一起。換句話說，如果此世仍然彼此怨恨，那麼雙方便會再度重逢，或者對調彼此的身分或情況，變成夫妻或母女……。

如果你不相信轉世，那麼我們也可以用這一生來理解，那些帶來傷痛和憤怒的記憶，至少會在這一世中，如影隨形的跟著你，使你焦躁不安，夜晚受到反覆折磨的提醒，直到你意識到自己終於想要放下了，不想繼續憤怒為止。因為憤怒，真的讓你很累、很累、很累了。

在歷史長河之中，不論是人與人之間或國與國之間，你會在每個角落看見，冤冤相報無法使事情真正結束，反而會衍生出更多問題。唯有寬恕和愛，才能釋放彼此的綑綁。

如果你已經準備好，讓自己的生命重新開始，展翅高飛，不再被這些負面能量拖住自愛與幸福的機會，現在，就讓我們開始練習寬恕冥想吧！

第 12 堂課：

寬恕冥想

練習過程

這個冥想每個人都會有不同的感受，它會相當深入內在，去釋放寬恕一切的記憶和源頭，寬恕另一個靈魂，也寬恕你自己。

有些人練習起來很輕鬆，做完第一次就深有感觸；有些人因為過往遭遇過度痛苦的事件，所以需要花費更多精力，甚至反覆、多次、長期的冥想，進入潛意識長時間與溝通，才能漸漸解開內在的鎖。

但唯一不變的，是一旦解開內在的鎖，便能釋放憤恨、痛苦與怨懟，放下沉重的靈魂負擔。還給自己的靈魂一個新生命，也能為身體帶來大幅度的舒緩，不再需要不停分泌激素來清除憤恨的情緒，很多人的身體健康因此好轉，改善了失眠狀況。當你釋放了與另一個靈魂之間的負面連結，也能讓對方有其他更適切的學習旅程。

如果你發現，冥想的對象讓你太難受，希望暫停冥想，沒關係，請允許你自己這麼做。提醒自己覺得可以繼續時，再回來即可。離開冥想時，做三次深呼吸，摸摸你的手腳或眼前的地板，提醒潛意識你要回到當下了，切記不可匆促的張開眼睛，這會使潛意識反應不及，有些人會出現頭暈、血壓不穩等狀況。因此，請溫柔地將自己帶出來。

★**練習時間：**二十五分鐘。

★**練習次數：**練習二十一天。

冥想準備

■找到舒服的冥想姿勢

由於觀想的同時需要唸讀肯定句，所以坐姿是最佳選擇。但如果身體需要休息，也可以選擇躺姿。重點是讓背部有個良好的支撐，以及安全的情境，因為你可能需要哭泣或發洩大量的憤怒。

■安全的冥想空間

只適合在你的房間（或冥想室）進行，必須是全然安全，內在覺得神聖的場所。你需要在良好的保護下進行冥想，而且最好是一個人，全程不受干擾。

第12堂課：

寬恕冥想

冥想開始

第一步驟　放鬆內在

先隨意地呼吸，放鬆下來，平穩內在。當你感到內在變得平穩而輕柔，可以接著下一步驟。

第二步驟　深呼吸

輕輕閉上眼睛，深呼吸。吸氣，讓氣息流入體內；吐氣，呼出所有的壓力和緊繃。持續深呼吸，直到你的身心變得平穩和放鬆。

第三步驟　設定意圖

對自己內在說：「**在這個冥想中，我願意寬恕，釋放一切回歸平靜，當我分心會再次回到練習上，但當我感到無法繼續時，我允許我暫停下來，下次再回來這裡。**」

第四步驟　掃描身體

一邊呼吸，一邊將專注力，移往自己身體的感知上。

你覺得身體是緊繃還是放鬆？

從頭頂開始，一路向下，到肩膀、胃部、腹部、雙腿、腳底⋯⋯。

有些人從冥想一開始，身體的溫度便會出現變化（如：發熱，煩躁或發冷），請仔細感受這些變化。過程中，有意識地提醒自己，放鬆下來，並且帶入深呼吸，大約做三到六次深呼吸。

直到感覺平靜，再移往下一個步驟。

第五步驟　進入聖殿

觀想自己進入一座寧靜的聖殿之中，這個聖殿是一個安全的場所，允許你療癒自己。觀想這座聖殿的氣氛，既莊嚴又嚴肅，而聖殿中的力量，能夠讓你的靈魂達到和解與釋放。

如果你是佛教徒，你可以觀想莊嚴慈悲的寺院。

如果你是基督徒，可以觀想美麗祥和的教堂。

如果你信奉其他宗教，就觀想心目中的聖殿建築，這能幫助你的潛意識安放內心，做深刻的療癒。

第六步驟　觀想保護

接著觀想一道白光，這道白光是一股慈悲的愛，進入你的內心，圍繞著你予以保護，陪伴你進入下一個步驟。

第七步驟　祈禱療癒

讓自己跟著默念，盡可能去感受句子中想傳達的訊息。一但你默念上手，請全心全意地投入其中，能唸出聲音是最好的。熟練後，你可以轉換成更適合自己的字句：

請求我無條件的愛與慈悲，
我內在神聖的力量，
幫助我、療癒我，
協助我釋放憤怒，
讓我回歸愛裡。
以往我把自己傷害到了某個程度，
我責備自己，

我堅持著憤怒和怨恨，
為了保護自己，
我以為這樣能夠照顧我自己的心。
但此刻這份痛苦和恐懼，
造成了我現在更加的痛苦。

此時，如果你感到一股情緒上來，先讓自己深呼吸，吐氣時，
將所有的負面情緒、憤怒和恐懼，藉由呼氣通通釋放出去。

我現在真正的，
給予我自己慈悲，
給予我自己真實的愛。
我願意，
回歸到平靜的自己，
我同情我自己，
我接納我自己。
我現在願意給予慈悲，

第12堂課：

寬恕冥想

也願意給予愛，
釋放所有的憤怒，
我願意釋放所有的憤怒。

我願意寬恕，
即使對於我並不容易，
但我願意寬恕，
原諒傷害我的人，
原諒傷害我的事件，
我原諒我自己。

我活在愛中，
我要活在愛中，
我釋放自己，
我願意寬恕，
我願意原諒一切，
我釋放所有負面的源頭，

願我的靈魂與對方的靈魂，

都能回到平靜與愛中。

（多次重複，直到你感覺釋放了更多的憤怒，最後回歸平靜）

第八步驟　觀想光

觀想光進入你的內心，光由上而下再次進入你的內在。

此時保持內在意圖：祈求無條件的愛療癒你，協助你釋放憤怒，並引導你進入更深層的慈悲與愛之中，感受到你被這股光團團圍住。

第九步驟　靜心

在此靜心一會，過程中如果有任何感覺，你可以透過呼吸，帶入更多或釋放更多。

隨著每次呼吸，去感受你的內心正在敞開，慢慢地打開了一個空間，讓平靜與愛進入，幫助你更有力量去寬恕一切。

有些人在這個過程中，感到內在的顏色開始轉變，例如黑色變成灰色，這代表內在釋放了一部分；有人則是逐漸感到比較明亮的色彩；也有人感知白光轉變為粉色光芒，這代表你需要加入不同的能量。如果你屬於內在視覺不太敏感的類型，或許是單純感受到內心變得更加平靜，這樣也很好。你的潛意識會自動感知，所以無須特別操作，只要放輕鬆感受這一切就好。

小提醒

每個人針對每個事件需要靜心的時間不同，有的人需要十分鐘；有的人需要三十分鐘；有的人則發現自己的負面能量太過強烈，需要多次進行寬恕冥想，才能持續釋放這些負面能量。請依照你自身的情況，決定需要的時間和次數。

第十步驟　記錄冥想

將這次冥想的狀態記錄下來，下一次冥想前，可以先回顧自己上次的冥想狀態，進行修正。

網友回饋

- 謝謝亞蒂絲，幫助我做到兩個寬恕，一個是剛剛發生的，另外一個是二十幾年前的塵封往事。做完後覺得終於能放下內疚感，內心也舒坦了許多。真的好有幫助，原來靈魂知道這是自己需要的。
- 冥想過程中我沒有很大的情緒反應，反而意外感受到平靜與幸福，這讓我覺得很神奇，而且當我想著被白色的光包圍時，從頭頂一路發麻到了全身，那種幸福跟愉悅感更加倍了，讓我的內心一直雀躍著，真的很感動很幸福很開心，真的很謝謝你。
- 今天又練習了這個冥想，才聽了兩分鐘，眼淚就一直流，意識到原來自己還存有一些這麼傷心的畫面，「我不能夠」「我盡力了」「當時的我真的很不知所措」原以為是寬恕別人帶給我的傷害，原來是我要原諒自己的無能為力，原諒當時的自己沒有顧及自己的感受。那一股憤怒與傷心，都來自於沒有去真正理解並接納自己的難受，心裡的聲音告訴我：「嘿……妳真的是一個好善良的人，所以，也對自己善良一點，好嗎？」

Lesson 12
寬恕冥想

《重點步驟》

STEP 1
放鬆內在

STEP 2
深呼吸

STEP 3
設定意圖

STEP 4
掃描身體

STEP 5
進入聖殿

STEP 6
觀想保護

STEP 7
祈禱療癒

STEP 8
觀想光

STEP 9
靜心

STEP 10
記錄冥想

冥想練習紀錄

清理前，我的感覺與我的想法是什麼？

清理的過程中，我曾經萌生什麼樣的念頭？

清理完後，我內在升起了哪些念頭？

練習次數紀錄

寬恕冥想次數	冥想日期	狀 態	已完成☑
（範例）	202x 年 x 月 x 日	還有一些憤怒	☑
第 1 次	年　月　日		☐
第 2 次	年　月　日		☐
第 3 次	年　月　日		☐
第 4 次	年　月　日		☐
第 5 次	年　月　日		☐
第 6 次	年　月　日		☐
第 7 次	年　月　日		☐
第 8 次	年　月　日		☐
第 9 次	年　月　日		☐
第 10 次	年　月　日		☐
第 11 次	年　月　日		☐
第 12 次	年　月　日		☐
第 13 次	年　月　日		☐
第 14 次	年　月　日		☐
第 15 次	年　月　日		☐
第 16 次	年　月　日		☐
第 17 次	年　月　日		☐
第 18 次	年　月　日		☐
第 19 次	年　月　日		☐
第 20 次	年　月　日		☐
第 21 次	年　月　日		☐

【掃 QR code】
連結 YouTube 延伸聆聽

Q & A

冥想網友們的 Q&A

本堂集結網友們在練習過程中的疑問，
內容提及冥想練習的觀念，
能夠使你在冥想過程中更加順利。

經常更換冥想，不知道哪種冥想適合自己？

首先，這需要你去重新察覺內在的信念。你對於冥想的信心程度？是否在半信半疑的狀況下冥想？要知道任何的精神思想、冥想，都涉及到你的信心，是你的信心得以讓冥想起作用。

所以你不妨感覺一下自己在冥想時，心裡想的是「這個冥想很適合我！」還是「這個冥想有用嗎？」你的態度正是所謂的冥想土壤。

冥想的效果會依據你的心態而有不同，這也是為什麼有的人感受很強有的人很弱，因為內在狀態勢必會影響其效果。

初期你可以先嘗試一到二次，評估自己是否喜歡這個冥想方式。像是會讓你願意持續信任和努力，或者冥想內容（或引導人）是否正派。

就好像你加入一個健身房前，會先去確認：自己是否能信任其推薦的健身方式？健身房是否屬於正派經營？

一旦你決定投入練習，就認真持續下去。只要肯經常練習冥想，有一天你會發現，生命開始不一樣了，不論你做任何事，反應都將不同於過去。

所以冥想前需要設立目的，如果這個目的涉及大範圍的改變，那麼必定需要花上一段時間，才得以顯化成真。我們生活在物質世界，做任何事都會有一個時間軸，當你種下樹木的種子，要持續澆水、細心灌溉，才能讓它發芽，慢慢的長成一棵獨立盎然的樹……。

你可千萬別在成長的過程中，用懷疑、批判或焦慮予以扼殺。

或者，你先嘗試一陣子之後，檢驗一下生活是否出現一些微小的變化，產生一些靈感或想做的事。但我想特別提醒，這些變化只是個起步，你在摸索一切的同時，內在也會升起與之矛盾的信念。如果你察覺到舊有的信念，就試著清理掉吧！猶如清除發芽嫩葉上的害蟲一樣，我將這個過程稱為「重新校準」。

另外，我們很容易產生各種疑惑，例如「為什麼事情還沒開始轉變呢？」這種想法簡直是在浪費能量，會使剛萌芽的事情轉彎，因為你灌輸了質疑的能量進去。所以最好的方式是灌輸信賴感，相信冥想能夠轉變，如此以來，一定漸漸產生效果。

Q A

為什麼靈性成長會需要透過冥想？

我想這是因為許多知名的靈性智者，都是透過冥想來獲得思想上和人格上的突破。這種突破或領悟，稱為「靈性成長」，會使一個人變得更加和平喜悅。

佛陀在冥想中開悟，耶穌則以禱告來與神性溝通，無論何者都是為了幫助人深入內在，因為那裏存在真正的智慧。

佛陀領悟了生命中的所有實相與因果，這般開悟，一般人恐怕窮盡一生都難以做到，因為這是佛陀花上好幾輩子修行而悟證的。

但光是留下冥想的基本方法，已足夠讓我們此刻的生命更美好。你無須懂得萬事萬物的因果關係，只需要好好修練自己的心，首先從愛自己做起。唯有懂得如何愛自己，你才能真實的去愛別人，否則不論是你吸引來的愛，或者你給出去的愛，都將攜帶著某種匱乏和缺陷。

然而，不是只有冥想能夠帶來轉變，你也可以在生活中歷練，從中獲得徹底的反思。對自己生命的價值反躬自省，重新定義自己對於世界價值的看法。

Q&A

冥想網友們的Q&A

每個人，必定會在人生中的某個階段經歷「反思、反省、撤退」的過程，停下任何的現實體驗，重新回歸內心，覺察自己真正想要的價值，重新校準腦中舊有的一切。你終究會發現，只顧著向外看，也看不見任何出路，因為出路即在內心。

那裏有各種方法可以幫助你，我不會說冥想是唯一一條道路，但它的確是一個快速的通道。每當發生問題，你能夠快速進入內在，好好面對內心的傷口、拉回偏離愛的信念，思考生命中的一切，快速與潛意識溝通，重新整頓好自己。

猶如某天你發現家中倉庫亂到找不到想要的東西，於是你決定走進倉庫，捲起袖子，花時間好好整理。過程中，你會思考是否改變收納方式？哪些物品要斷捨離？哪些是自己真正需要的？將混亂的倉庫轉換成你喜歡的狀態。

當然，我們可以責怪別人弄亂你的倉庫，或責備自己任由倉庫亂成一團，甚至乾脆怪罪倉庫空間太小才不夠放。但最終某個時刻，你會發現，所有向外的責備埋怨，通通沒有效果。

冥想就是為了幫助你走入內心的房間，使內在秩序一一就位，變成你更喜歡的狀態。

冥想有年齡限制嗎？學生可以冥想嗎？

唯一的限制是，至少要懂得語言。小和尚都可以念經打坐了，所以只要懂得語言都沒有問題。

不論是小學生、國中生、高中生都可以，國外甚至有許多機構把靜坐和正念課程帶入學校，讓學生理解妥善掌握自己的內心狀態，進行自我調節。

美國廣播公司曾做過一個報導，記者造訪舊金山的訪谷區中學（Visitacion Valley Middle School），該校於二〇一六年起，實施全校師生每天正念靜心十五分鐘的課程，讓學生練習如何排除多餘的雜念。一個月後，老師們紛紛留意到學生的行為變化。

有一位老師分享：「學生看來很開心」，變得比較投入課堂中，打架次數也跟著下降了。還有一位老師分享，某位女生常常惹麻煩，甚至與家人爭吵打架，但經過一段時間的冥想練習後，「她變得柔和並開始與人和諧相處」，同時她的成績也進步到班上前五％。老師們發現，冥想靜心能夠幫助學生更穩定、專注，以及紓解壓力。

一般認為，孩子是不懂得如何調節自身情緒和慾望的，而成人卻能輕鬆辦到。但出乎意料的是，很多成人其實沒有真正學習到這一塊，所以你才會看到很多六、七十歲的人，表現得像個孩子一樣「你不給我糖吃，我就鬧給你看！」會這樣是因為他們的內在，幾乎還停滯在幼年時期造成的傷痛中。

所以我想鼓勵年紀輕輕便學習冥想的人，一個人的內心成熟度往往與外表無關，儘管你們看起來很年輕，但內在可能比很多成年人更加成熟。

不過，這不代表你能因此驕傲或看不起成年人，而是明白那些人年輕時沒什麼機會接觸相關資訊，而且身邊也沒有任何人能引導他們去面對內心。也或許他們出生的年代，光是為了生存下來，就需要花上全部力氣了，根本沒有關照內心的餘裕。

成年人的記憶包袱太多，使得他們需要很大的力量才能改變，而一個人若能在學生時期即早接觸靜坐冥想，會更容易確認自己想要的幸福人生。

如果有家長因為看到這篇文章，想讓孩子學習靜坐，請記得，凡是都需要以身作則，千萬別為了要求孩子學好，而強迫孩子來練習冥想，這樣只會得到適得其反的效果。你自己要先喜歡上冥想才行，讓孩子看見你變得更快樂的模樣，或是與孩子相處變得更融洽。如此一來，當孩子感到有需要時，會自行來詢問你。我有好多聽眾，都是因為自己很喜歡冥想，讓孩子也跟著一起加入了。

冥想一定要音樂嗎？音樂要怎麼挑選？

當初釋迦摩尼冥想時有放音樂嗎？想必是沒有吧。所以冥想實際上是不需要任何音樂的。

那麼，為什麼如今大家冥想都喜歡搭配音樂呢？這就好比我們讀書，喜歡找一個有氣氛的地方。有人喜歡圖書館或咖啡廳，藉著各種背景環境音、人走來走去的聲響來感覺有人陪伴；有些人則習慣播放喜歡的音樂，因為音樂是一種與外界隔離的簡單媒介，方便自己融入獨處的世界。

播放音樂來冥想，是盡可能避免過多外界干擾，但有歌詞的就不太適合了，你可能會變成在唱歌而非專心冥想。一般來說，最好挑選從頭到尾音律平緩、旋律祥和的音樂，有些人喜歡大自然的聲響，或者一些白噪音如流水、海浪的音效。但音樂喜好很個人化，選擇自己慣用的音樂即可。

冥想沒有畫面感覺很焦慮……怎麼辦？

之所以沒有畫面有幾個因素：你的放鬆狀態、信任度和視覺能力。下面會詳細說明理由。

一、放鬆

當你越放鬆就越容易看見，讓潛意識帶給你更多，所以你要回頭觀察自己，自問：「我為什麼放鬆不下來？是太焦慮還是太期待？我太強迫自己了嗎？……」

有些人在冥想之前，會攜帶很多想法或觀念，像是之前在其他地方接觸過的冥想法。由於冥想有非常多的類型，每種冥想達到的目的也不盡相同，所以進入冥想之前，如果有所設限，規定自己必須達成什麼，那麼這些定義會在心中相互干擾，這份抵抗情緒導致畫面很難顯現。

以內在小孩冥想為例，有些人顯現的畫面是中學時的自己，只因為他覺得不是「小孩」，畫面就會因為這個內在批判而迅速消失。當內在被不斷湧出的想法干擾，潛意識就必須費力告訴你：「光也能是其他模樣呀」「內在小孩不一定是幼童啊」導致原先的畫面消失了。有些人則過度擔心看不見內在小孩，或擔心不曉得如何跟內在小孩對話……。

再以觀想光為例，當我引導時，若聽眾一直在思考「光應該是什麼模樣」；或者就算有光出現，也馬上想著：「我這個光對嗎？」這些都會導致潛意識必須先處理擔心的能量，而讓畫面無法輕易顯現。

你不妨問問自己，怎麼做可以讓自己更加信任？以 YouTube 上的冥想音訊來說，有人會先聽一次，再重播跟著練習一次，結束後思考下次冥想時如何更放鬆。用多預習幾次的方式，弄清楚引導的流程，如果有光就先想好光的形式，下回就不至於手忙腳亂了。無論如何保持開放而輕鬆的心，非常非常重要喔。

二、信任度

如果你不信任引導者，那麼畫面就沒辦法出現。

如果你不信任自己能引導自己，那麼畫面也沒辦法出現。

如果你不信任自己能夠在腦海中建構畫面，畫面也很難顯現。

如果你不信任冥想能夠幫助你，那麼畫面會更難出現。

所以信任是很重要的，為了讓自己信任，你可以先評估自己是否能信任冥想的引導？或者你內心是否能放鬆跟隨引導的內容？

如果無法信任，那麼請去尋找其他方法。如同你打開一本書，是什麼因素讓你願意翻開呢？可能是因為你信任這個出版社、信任作者，或者信任亞蒂絲頻道底下的網友留言。無論如何，一定是某種信任帶領你走到這一步。冥想也是，你可以把冥想當成閱讀一本書，只不過這本書是冥想引導者先給你的閱讀指南，再由你自己繼續深入理解。

三、視覺能力

每個人的視覺能力都大不相同。有些人一講引導詞，腦中馬上就會出現很豐富的畫面，甚至看得見細節和顏色，這種人屬於視覺型。

另外一種是聽覺型，在聆聽方面特別敏感，但畫面如濃霧籠罩般，模糊難見。若你要求對方說出畫面，他可能說不出來，卻能一一道出聽到的想法，感受到的意念，彷彿「有人」和他說話般。

還有一種是既聽不到也看不到的感受型，這類的人會湧現很溫暖、喜悅的感覺，看不見畫面，意念也不太清晰，但只是透過感受就足以帶來某種領悟。

就像人的身體，有人擅長短跑，有人擅長馬拉松；有人擅長聽，有人擅長寫，有人擅長文字思考。

如果你想看見畫面，平日就時不時去回想一些記憶、一些物品，讓腦海練習去勾勒出畫面。如果你不想練習也沒關係，那就放大絕招，加強練習亞蒂絲的肯定句冥想。因為這類型的冥想，完全不需要觀想畫面卻威力十足。

其實畫面不是最重要的，只是能看到畫面很好而已。能夠理解更多細節，但也容易讓人被這些細節綁住，甚至有人會因此變得很驕傲。所以看不看得見並不重要，因為看得見而帶來的驕傲只會破壞效果，使靈性倒退。

許多人問我關於畫面的細節：「亞蒂絲，我看到了紫色、紅色的光在我身邊，那是什麼意思啊？」我只會稍微解釋，因為這些既不重要也非必要，不論是畫面或聲音都是輔助。如同你去看電影，電影結束後，那些曾看過的畫面細節都不重要，重要的是你從中得到的領悟和信念的轉變。冥想的重點在於，你是否從不懂得愛自己，變得更愛自己了？你是否從悲傷之中慢慢恢復了？

冥想一段時間後，如何確定自己靈性提升了呢？

每個人對靈性提升的定義不盡相同，比方說，有些人認為是開啟神通能力，但是我不覺得那個算是靈性提升。

我花了很多時間探詢靈性提升的概念，這裡僅分享我目前最能接受的觀點：所謂靈性提升，就是取回自己的力量，當你取回自己的力量，才會有更多的能力、自信和靈感。讓你能夠妥善面對生活中的各種狀況，同時快速地調整自己，回到喜悅、愛與平靜的狀態。

這點其實在靈性提升之前，是非常困難的。不過，當你的靈性提升之後，會越來越快、越來越容易。

換句話說，你要先真正的回歸愛，關愛真實的自己、疼惜自己、陪伴自己，才能坐實愛的力量，進而真心去愛別人，甚至愛整個世界。

我所謂的愛別人愛世界，不是指要你去拯救別人拯救世界，這樣只會陷入另一種違背靈性提升的狀況。真正的愛是，當你發現內在開始轉換的時候，你不會自大的去批評、爭論或爭取什麼，你只是把愛帶給這個世界，無論那是平靜、善良、自信、自愛、奮鬥、努力或正向的能量。如同一名擅長化妝的女孩，她發現化妝讓自己變得更美、更有自信，進而想幫助其他女孩一起變美麗。

當你提升靈性後，往往會留意到自己能面對現實層面的問題，而且一步一步地解決，而這種幫助人生好轉的內在力量，你會真心想要帶給身旁的親朋好友，或是一些陌生人。這種衍生的意念，就算是為社會盡一點力，讓別人可以恢復到喜悅與愛的狀態。

但首先你得先進行自我提升，然後才能分享給別人。當你懂得如何在現實生活中的各個層面，落實更多愛的力量，如：感恩、寬恕、原諒、自信、自愛、自尊，懂得如何讓內心恢復喜悅與平和狀態，你會慢慢發現自己轉變了，身邊的人也跟著轉變了。最後，不論你走到世界任何一個角落，你都能發現愛的存在，你將能從萬事萬物中連結到愛。

例如，走在馬路上時，你有感受到愛嗎？看看腳下的馬路，你有感受那些認真的工人，為我們鋪好的路面嗎？

當你與陌生人擦肩而過，對方停下腳步讓你先走，你有從中感受到愛嗎？

你能從現在喝進的每一口水中，感受到當天空降下雨水，流經自來水管，最後成為你手上那杯水之前，那些水珠經歷了多少旅程呢？

我聽過許多靈性提升到某個階段的人，他們走在路上會看到所有事物都在閃閃發光，這是在他們尚未聚焦於內在之前很難體驗到的。

確實很難，因為內在沒下過功夫的人，大腦會自動根據慣性，強烈聚焦在自己的痛苦上，讓很多悲傷、哀怨、不甘願與不解……在內心聚集成一團烏雲。由於內心深陷自身製造的烏雲中，使他們很難感知到愛，衰事連連，走路總是隨時踩到坑、路上行人寧可相撞也毫不禮讓，連喝水都可能腸胃不舒服……。

然而，當你真的有將靈性提升到某種程度（我不是指開悟，畢竟我也還走在修練的路上，但我篤定自己每日每時每刻都在用心提升、回歸喜悅），你會發現自己的世界，會變得比較清亮光明、充滿喜悅。當然每個人對靈性提升的定義都不同，我尊重每個人的想法，以上是我對這個問題的回答。

要如何排解自我否定？

首先，從自我覺察做起。你要進入內在，非常、非常誠實地感受自己，明白你正在用什麼標準來看待自己？然後，放下那個標準。

當我們用錯誤的標準來看待自己時，內在就會產生許多自我否定。如果你總是要求自己達到一百分的話，你很可能因為壓力巨大而精神崩潰，或是自我否定到內在無法承受的程度。

所以先捫心自問：「我把什麼標準套在自己身上？」你要明白，每個人的標準不同，有些人認為必須要月入多少、丈夫或孩子要多體貼，才能讓自己快樂，不再自我否定。

其實，自我否定關乎到你的主觀價值。像是你先在心底預設了一把尺，強迫自己除非達到標準，我才能認同自己很好。舉例來說：

你認為完美女孩的體重必須是四十五公斤，所以六十公斤的自己是個醜女孩……。

完美的妻子，必須深深認同丈夫的價值觀，但我常常想開口反駁，表達

Q&A

冥想網友們的Q&A

自己的感受，所以我很糟糕……。

完美的兒女必須對父母言聽計從，但為了乖乖聽話，我幾乎成了憂鬱症俘虜，真是不孝順……。

若是如此，請進入冥想之中，允許自己詢問：「我需要放下哪些標準才能不再自我否定、恢復喜悅？」你的內在會給你一些需要關注的想法。

再來，就是堅定你愛自己的信念。當世事不斷地在變化，如同一日多變的天氣，許多精神導師要求我們接納無常，但唯一不變的是，當你關注內在的愛，你的生命一定會越來越好。當你能夠輕易停止自我否定，不再浪費你的生命、消耗你的能量，便能阻止生命通往悲慘。如果你感到糟糕透頂了，不妨藉由冥想靜心，意識到自己啟動了錯誤的模式，然後與之保持距離。

你是自身實相的創造者，一切人事物，皆源自於你的內在與愛脫離。雖然人類大腦出於天生機制，無法理解太過抽象的因緣，但無論如何，只要透過自問，便能接納當下發生的所有事情，都和你的內在有關。

有時候靈魂會為了學習一些課題，而安排了一些境遇。這個課題可能是，你是否能夠接納自己跟愛自己？即便你心中痛苦的時候，是否也能愛自己，停止自我批判？

如果你繼續否定自己，宇宙就會給予你相應的自我否定實相，直到你願意對內在下功夫，停止否定自己為止。

所以當你又開始自我否定時，提醒自己，頭腦又走回舊模式了，然後當下好好靜心，自問「還有什麼設限可以釋放？」或者，你可以從本書的十二堂課中，挑選一個當下最有幫助的冥想，來停下大腦的舊有模式，使自己回歸喜悅。

如何減少走神次數？

冥想過程中常常走神，是非常正常的事。因為真的很正常，而且會頻繁發生，所以請放心接納這點，沒關係的。

甚至你也可能受到當天的遭遇，而影響冥想狀況。比方說，你上次可以專注十五分鐘，但今天只專注了五分鐘，因為剛和家人吵架，或工作上的待辦事項一堆，導致你心神不寧、如坐針氈。

但是我們能夠透過練習，漸漸減少走神的次數。每當你發現自己走神了，只需要將注意力輕輕帶回呼吸上即可，光是這麼做，走神次數就會越來越少。

如同你藉由跑步來增加肺活量一樣，同理，冥想就是為了練習專注於內在的力量。

冥想時，要從頭到尾保持專注，還是中途睡著了也沒關係？

這要看你在練習什麼。

如果是獨自進行練習冥想，因為你必須引導自己，所以需要保持略微清醒的意識，讓潛意識順著你的自我引導走，在放鬆且清晰的狀態下好好整頓內在。

如果是聆聽亞蒂絲頻道的音訊來冥想而不小心入睡，其實在剛入睡當下，引導詞的意念會更容易被潛意識吸收，說是調整潛意識的黃金時刻也不為過。因為是由他人從旁協助你與潛意識溝通，所以睡著也沒關係。我的聽眾當中，大多數的人都會在冥想結束時突然清醒，那是由於潛意識一直有在聆聽，因而會跟著引導回歸正常意識。

然而，如果你做的是靜心冥想，因為需要練習如何安定自己的心、調整內在，覺知你內在的渴望和需要陪伴的區域，進而帶入愛與平靜到內心，所以保持覺知狀態非常重要。這樣才能鍛鍊大腦在清晰的狀態下，自動保有愛與平靜、活在當下的模式。

不過，倘若你真的累壞了，代表身體累積了不少疲勞，這種情況下，就允許自己睡去吧！另外再找時間練習即可，畢竟睡眠本身也是一種能量補充。

為什麼不費力去想，反而有畫面呢？

當你越努力去做，就越想要控制住什麼，進而啟動內在的緊張模式。有些人冥想時，會不小心切換到緊張模式，但冥想本身最忌諱過度努力和刻意，而是要保持足夠的放鬆，才能讓平日被抑制的潛意識浮出水面。

如果你是聆聽冥想音訊，更是忌諱這種「努力」，這會讓你與冥想引導者相互干擾，如同有兩個人在你腦中爭奪遙控器，而導致大腦不曉得該聽誰的。當引導者說「好，現在看A台」，結果卻被你的努力拉往B台去，切換來切換去，畫面就會一直圍繞在畫面切換之中。

不費力會帶來放鬆，因而得以輕易接收到潛意識的畫面。很高興提問者發現了這個訣竅。

冥想完後，又開始焦慮了怎麼辦？

這是很正常的狀態，容我再次提醒——慢慢來，因為你內在的意識，還沒有整個調整過來。

冥想是一種帶來漸進式改變的過程，請理解這是一個需要時間，來養成的精神洗澡習慣。所以不是你才練習完冥想，就能達到「啊，我開悟了！」或者「啊，我變成另一個人了！」

你要把冥想當成是一種精神訓練，目的是給意識一個前進的方向，一步步培養堅定的正向信念。只要持之以恆，你將發現喜悅之路離你越來越近，甚至有一天在你尚未察覺之前，你已經走進喜悅的國度之中了。

抵達之前可能要花上一段時間，特別是你的症狀越嚴重，需要的時間就越久。有些人因為內在問題是從童年開始累積，所以有很多要放下的沉重包袱，在潛意識真正理解和接受之前，要不厭其煩地自我提醒，因而要花上不少時間。所以請盡量養成冥想習慣，如同刷牙洗臉般，每天早晚都要練習。

冥想無法進入狀況怎麼辦？

可以先讓自己停下來，仔細覺察內在冒出了什麼樣的念頭？這些念頭會告訴你，是什麼原因導致你無法進入狀況。影響的因素很多，每個人各不相同，所以你要停下來詢問內在為什麼會產生抵抗。

請帶著好奇心去自我觀察，甚至可以做一些筆記。有人會觀察到自己因為太過性急，想馬上從冥想獲得好處。當內在沒有真實的轉變，或者沒有好好做完所有步驟，就很難感受到冥想的幫助。一旦覺察到這一點，就試著放下這種「急躁」，自問：「我該怎麼幫自己放下急躁的心態呢？」接著去感受內在的想法。

另外我也發現，有人無法進入狀況，是因為他們不熟悉「新的」冥想方式，內在因而升起緊張的感受，擔心自己無法掌控，以至於無法進入狀況。如果你屬於這種狀況，就先安撫自己，只要多練習幾次就能慢慢掌握了。總之，不要給自己太大的壓力。

還有更多人是擔心冥想會勾起過往的恐懼，或帶來自己未知的狀態。尤其當你內在尚未準備好時，難免會有一些抗拒。

沒有關係，那就尊重自己的意願，先停下來傾聽內心的想法。如果還是很想練習，那就試著安撫自己的心，提醒自己，如果中途實在無法持續下去，到時再暫停下來也無所謂。藉由深呼吸感受周遭環境的狀態，允許自己慢慢清醒、回復正常意識，明白這是你與自己的時間，而你能夠完全控制這些時間。清醒後，寫下筆記，記錄自己無法持續到最後的原因，保持開放的好奇，面對內在的感受。

有許多人跟我分享自己的經驗。雖然冥想剛開始的時候，內心產生了一些躁動，甚至憤怒，但因為真心想要透過冥想來改變，在試著安撫自己的內心後，堅持練下去，最後心境真的產生了一股平靜與喜悅，而且不只是一點點，是很多。

我一焦慮就會心悸，這點冥想能克服嗎？加上睡眠的深度和時間都不夠，讓原本輕微的焦慮症變嚴重了……

當你想到要問人如何克服這個議題時，我覺得就是一個很好的開始了。當我們面對現實生活中的一些議題，感到自己無力去處理的時候，自然會很焦慮。特別是這個議題已經累積了一陣子，你難免會給自己越來越多壓力，讓焦慮症狀進一步惡化，導致睡眠中的潛意識要花更大的力量，去緩和焦慮的情緒。這就是你覺得深度不夠、時間也不長的原因。

如果我們能夠有意識的去幫助潛意識緩解焦慮，睡眠品質就會好一些。所以下面我想來談談如何培養冥想的土壤，讓我們學會面對內在負面情緒升起時，透過冥想來幫助自己。

許多人會發現，在冥想靜心的過程中，焦慮的思緒不會主動消失，但正因為這些情緒平日被壓抑，才會趁冥想時全部湧現出來。換句話說，我們愈是壓抑，反而會給這些負面思緒更多能量。所以冥想的方向不應該是「不要讓這種狀況發生！」而是藉由冥想來轉化「我如何跟這些情緒相處？」

Q&A

冥想網友們的Q&A

冥想土壤所指的，其實就是你的「心態」。你擁有什麼樣的土壤，就會種出什麼樣的種子，當你下回再度遇到相同情況時，會用什麼心態去面對，就決定了你能在冥想中得到什麼樣的效果。

所以當負面情緒來了，不管是焦慮、恐懼或沮喪，你的第一個反應是敵視還是友善地面對呢？我們過去總是被教導，要去對抗或乾脆逃跑，但其實我們還有「第三選擇」，那就是在負面情緒湧現的瞬間，以不評價、不批評、不貼上任何標籤的方式，允許它們在冥想空間中，稍作停留。

你可以選擇用一種友善的態度，彷彿遇見老朋友般，對它說：「喔，你來了！」然後允許這股情緒待在原地，不去評判說：「你來了，我很討厭，快點走開！」也不要恐懼或慌張，你根本不需要主動回應。

你只需要簡單的允許，帶著好奇心去觀察，知道它來，任由它走。當你願意這麼做，將能讓情緒產生良好的流動，允許進來然後離去。反之，如果你是用評判、恐懼、慌張、推開、分析，甚至跳進去想更多……，這麼做都只會增強負面能量，越來越焦慮和恐慌。

讓允許開啟鎖住的腦門，然後深呼吸，再吐氣，協助大腦去學習一種新的模式，不再戰鬥跟逃跑，而是友善地靜靜待在原地觀察，放下所有的抵抗和期待。因為抵抗和期待只會引起內在更多的焦慮、壓力及痛苦，甚至讓你感到失控。長久下來，身體會承受不住，因而需要釋放這些能量需要，導致心悸、頭痛、喘不過氣等狀態產生。

所以，在身體反應的當下，請用友善的態度讓情緒停留。然後自問：「我是敞開的狀態還是封閉的狀態？」所謂敞開的狀態意指，你容許思緒來到你面前，容許它在你面前停留，你看著它停留，又看著它離去。

你會發現我們的思緒，經常是這樣子的：上一刻明明還在想其他事情，下一刻又冒出許多新的想法。我們的情緒也一樣，昨天你還在生悶氣，今天卻又無比開心，但數不清的思緒情緒來來去去，這是再自然不過的人性。

所以我們要透過冥想，練習覺察負面情緒如何發生。比方說，或許是被某些想法、字眼或記憶所勾起，你看見它如何進來，並允許它暫留原地。然後嘗試覺察：

你如何看待停留的情緒？

為什麼它最後又離開了？

冥想時，提醒自己放慢腳步，一步步去觀察內在的情緒是如何發生的。

有些人觀察到，在釋放焦慮情緒時，若每一次練習時，都輕聲提醒自己：「放下、放下」「別為尚未發生的事情擔憂」「別試圖控制一切」「別擔心自己失控」「別憂心會失去擁有的一切」……，慢慢的，就會明白勾起自己情緒地雷的原因，日後只要焦慮再度升起，便能預先避開一連串消耗身心的聯想。

也有很多人發現，只要將心思專注於「當下的平靜」，那麼，就能讓這些情緒輕易散開。但凡是人必定會有負面情緒，這很正常，不過我們可以學會如何與之和平共處。例如，不停告訴自己：「我專注於當下」「我專注於呼吸」「我專注於平靜」。

對負面情緒傳達愛，而且信任這些情緒會很快過去，也信任這些情緒能幫助你更深入了解自己的內在。或者，你也能以慈悲之心，對自己說：「我接受自己的負面情緒，我會靜靜陪伴，與它同在。」假如你能以這樣的心態去面對，將會感到體內產生一股能量，幫助你緩和焦慮情緒。

當然，離開冥想狀態後，你還是必須去解決現實生活的議題，但只要明白焦慮無濟於事，便能平心靜氣地幫自己度過難關，甚至喚來解決難題的靈感。

哪一種冥想可以放下猶豫不決的壓力？

可以在靜心或趁著靜觀冥想時，問問自己到底在猶豫不決什麼？心裡真正的想法是什麼？任由這些念頭浮現，從中覺察哪些情境會導致自己猶豫不決。比方說，有些人是因為「擔心被罵」，那麼為了讓自己不再猶豫不決，就需要轉換內在的信念，例如自問：「我能夠接納被別人討厭？或不被某些人接受的情況嗎？」藉此來自我調整，放下擔心被罵的糾葛。

再舉其他例子，假如你是害怕「做錯決定」或「對自己沒有自信」，那就持續與內在溝通，釐清自己「如何才能做出決定？」「如何對自己更有自信？」這時你的內心可能會浮現一些想法，促使你執行某些行動。

透過靜觀冥想去察覺自己的念頭、信念，有利於你直接與內在溝通。我們之所以無法專心在自己渴望的方向上，通常是因為我們內在浮現了太多想法，因而遮蓋了真心的渴望。你不妨把不同角力拉扯之下產生的各種念頭，視為大腦的一貫作業流程，所以才要藉由靜心，瞥見我們內心真正的狀態。

為了深入探索，你可以時不時自問：「不去做這些事有什麼好處嗎？」舉例來說，有些人是為了「避免自己受傷」，以至於無法做出決定，讓潛意識阻止你前進，並且帶來很多阻礙，而衍生出拖延行為或焦慮情緒等等。

一旦你看見這些信念，便能進一步透過冥想幫助自己放下。比方說，藉由身體掃描冥想，來釋放負面信念帶來的身體緊繃感；接著，再搭配愛自己冥想的肯定句，如「我愛我自己」「我是安全的」「我能得到很好的發展」來讓自己建立起新信念，然後在反覆練習的過程中，你會發現自己逐漸減少猶豫不決的狀況。

如何知道肯定句進入潛意識？

你可以透過下面列出的五個方向，來觀察肯定句是否進入有進入你的潛意識當中。不過，每個人的狀況不一樣：

第一、時間感：

在冥想過程中，喪失了時間感。你可能會覺得冥想時間流逝得非常快，半小時感覺彷彿才過了十分鐘。

第二、身體的轉變：

轉變有各種可能性，像是你頓時失去對身體的感受，輕飄飄地沉浸於肯定句之中；或是肯定句引發了某些身體感受，如：冰冷、酥麻，甚至體溫升高……。

第三、內在接納或抵抗：

你內心可能會浮現支持或不支持的想法，其實這代表你有聽進信念了，只是內在試圖抵抗或接納。如果你想讓新的信念更深入，就要用認同的心態去面對，然後請舊的信念離開。

第四、反應：

練習完肯定句之後，過一陣子（而非急著在當下或隔天）去觀察自己的生活是否有所改變？或者改變了舊有慣性？例如，以前你遇到別人插隊，總是會非常生氣，但如今可以淡然處之了。其他還有發現自己睡得更好或工作更有效率。大部分的人都是透過這樣的小細節發現自己不同以往了，儘管初期效果不會很明顯，但卻能緩慢又實在的轉變。

第五個，夢境：

若作夢時有出現類似肯定句的畫面，如：你讀肯定句時，對「我值得被愛」很有感，而且夢到了很多歡樂的事件；或是明明你在夢中在跟某人吵架，卻勇敢反抗的話，代表你有把肯定句聽進心裏了。

亞蒂絲的 *12* 堂愛自己冥想課

作者：Eydis 亞蒂絲

幸福文化出版社
總 編 輯：林麗文
副 總 編：梁淑玲、黃佳燕
主　　編：高佩琳、賴秉薇、蕭歆儀
行銷企劃：林彥伶、朱妍靜
責任編輯：高佩琳
封面設計：FE 設計
內頁排版：鏍絲釘

讀書共和國出版集團
社　長：郭重興
發行人：曾大福
業務平台總經理：李雪麗
業務平台副總經理：李復民
實體暨網路通路協理：林詩富
海外通路協理：張鑫峰
特販組協理：陳綺瑩
印務部：江域平、黃禮賢、李孟儒

出　　版：幸福文化出版社
地　　址：231 新北市新店區民權路 108-3 號 8 樓
粉 絲 團：https://www.facebook.com/happinessbookrep/
電　　話：（02）2218-1417
傳　　真：（02）2218-8057

法律顧問：華洋法律事務所 蘇文生律師
印　　製：通南彩色印刷有限公司

團體訂購另有優惠，請洽業務部：
（02）2218-1417 分機 1124

發　　行：遠足文化事業股份有限公司
郵撥帳號：19504465
網　　址：www.bookrep.com.tw
客服信箱：service@bookrep.com.tw
客服專線：0800-221-029

初版一刷：西元 2022 年 12 月
定　　價：420 元
ISBN：9786267184226（平裝）
ISBN：9786267184264（EPUB）
ISBN：9786267184271（PDF）

國家圖書館出版品預行編目 (CIP) 資料

亞蒂絲的 12 堂愛自己冥想課 /Eydis 亞蒂絲著 . -- 初版 . -- 新北市 : 幸福文化出版社, 2022.12
面 ;　公分 . --（富能量 ; 47）
ISBN 978-626-7184-22-6(平裝)
1.CST: 自我實現 2.CST: 超覺靜坐
177.2　　111012990